AF620657

V. 1512.
G. 2.

1/F
94/G82

9131.

COURS
DE
GÉOMÉTRIE PRATIQUE,
D'ARCHITECTURE MILITAIRE,
DE PERSPECTIVE ET DE PAYSAGE,
AVEC
UN DICTIONNAIRE
DES TERMES
DE L'ARCHITECTURE,
DIRIGÉS

RELATIVEMENT aux Connoiſſances eſſentielles que doivent avoir, dans ces quatre premiers genres d'étude du Deſſein, les jeunes Gentilshommes deſtinés à l'Etat Militaire.

PAR C. DUPUIS,
Profeſſeur d'Architecture à Verſailles, Maître de Deſſein de Meſſieurs LES PAGES de Monſeigneur le Comte DE PROVENCE, & de la Jeune Nobleſſe.

A PARIS;
Chez { JOMBERT, Père, Libraire, rue Dauphine.
KNAPEN & DELAGUETTE, Libraires Imprimeur, au bas du Pont Saint Michel.
JOMBERT, Fils, Libraire, rue Dauphine. }

M. DCC. LXXIII.
AVEC APPROBATION ET PRIVILEGE DU ROI.

A MONSIEUR
LE MARQUIS
DE MONTESQUIOU,

Brigadier des Armées du Roi, & premier Ecuyer de Monſeigneur le Comte DE PROVENCE, &c. &c. &c.

MONSIEUR,

EN deſirant de faire paroître cet Ouvrage ſous vos auſpices, je n'ai point eu en vue de ſatisfaire ma vanité par l'éclat de votre Nom; c'eſt à vos lumières & à votre caractère bienfaiſant que ma reconnoiſſance en fait hommage. La haute Naiſſance n'en impoſe qu'à la multitude, tandis que le mérite perſonnel d'un Grand, qui réunit à la connoiſſance des Beaux Arts, un goût naturel & sûr, qui, dans ſes vues patriotiques, veut le bien, le fait, & encourage ceux qui y contribuent ſous ſes ordres, fixe le ſuffrage du Public éclairé, & entraîne celui des Artistes mêmes. Voilà, MONSIEUR, ce qui vous caractérise, ce qui honore la place que vous occupez, & ce qui fait le plus grand appui de ceux dont vous dirigez les travaux. Après avoir contribué à l'éducation des Petits-Fils du Prince qui nous gouverne, votre mérite, bien plus que la faveur, vous a mis dans une place d'où dépend l'éducation d'une partie de la Jeune Noblesse. Ces Enfans, que la Patrie chérit, parce que leurs Pères ont versé leur sang pour elle, sentent & sentiront encore bien plus un jour, le prix des soins que vous vous donnez pour leur avancement. C'est leurs progrès que j'ai eu particulièrement en vue dans cet Ouvrage que vous me permettez de vous offrir; je n'ai rien négligé pour y mettre toute la clarté & la précision qu'il exige : vous y trouverez par-tout, MONSIEUR, le précepte appuyé sur l'expérience, & la théorie confirmée par la pratique. Puissent mes succès répondre au desir que j'ai d'être utile à ma Patrie, & mes travaux mériter les bontés dont vous m'honorez!

J'ai l'honneur d'être avec un profond respect,

MONSIEUR,

Votre très-humble & très-obéissant Serviteur,
DUPUIS.

PRÉFACE.

L'ETUDE du Dessein, par rapport à la Jeune Noblesse, doit être divisée en plusieurs genres, & former l'assemblage des connoissances suffisantes dans cet Art, pour caractériser un bon Militaire.

La Fortification qui est une science de première nécessité, exige une étude particulière de l'Architecture Militaire applicable aux portes de Ville, avec ponts-levis & ponts dormans, & aux corps de caserne : cette étude donne des idées justes de la décoration & de la distribution des Edifices Militaires, & procure encore l'intelligence de la décoration & de la distribution des Bâtimens civils qui conviennent à l'utilité particulière ; ainsi la première étude du Dessein doit être fondée sur les principes de l'Architecture, après avoir acquis quelques connoissances sur la Géométrie pratique, & dessiné quelques profils en grand, parce qu'un Militaire instruit est un Ingénieur dans l'occasion, & qu'un Ingénieur, sans vouloir être Architecte, ne peut ignorer les proportions que doivent avoir les Edifices Militaires, qui, quoique très-simples, exigent certaines règles, desquelles on ne peut s'écarter sans tomber dans quelques défauts. Les Ordres Toscan & Dorique, qui sont les deux premiers des cinq Ordres d'Architecture, suffisent à cet égard, en y joignant la théorie des trois autres. On ne sçauroit trop s'assujettir à les connoître à fond, à les dessiner proprement, & à les ombrer à la plume ou au lavis, parce que cette précision conduit infailliblement à traiter avec moins de difficultés le Paysage.

L'étude de la Perspective doit succéder à celle de l'Architecture, parce que sans elle on ne peut juger sainement des effets de la nature, ni dessiner le Paysage avec succès.

L'étude du Payſage doit ſuivre celle de la Perſpective, & conduit à rendre la nature telle qu'elle ſe préſente à nos yeux. Mais il ne ſuffit pas de le bien deſſiner en le copiant, il faut ſe mettre à portée de le compoſer ou de le deſſiner d'après nature.

On ne peut diſconvenir que pluſieurs Auteurs ont traité fort amplement ces trois genres d'étude; mais par ce Traité, qui peut être regardé comme un abrégé de tous les autres, on eſt ſuffiſamment inſtruit, même dans le cas où l'on deſireroit augmenter ſes connoiſſances & apprécier le mérite des Artiſtes qui ont élévé les ſuperbes monumens qui marquent de toutes parts la magnificence de nos Rois, & de ceux de nos jours, qui ont élevé des édifices qui caractériſent le bon goût de la Nation.

On ne parle pas dans ce Traité de la Figure, de l'Ornement & de la Gravure, genres d'étude qui ne ſont pas moins utiles que les autres, parce qu'on eſt certain qu'il y a d'excellens principes connus, & qui s'acquierent avec l'expérience.

COURS
DE GÉOMÉTRIE PRATIQUE, D'ARCHITECTURE MILITAIRE, DE PERSPECTIVE ET DE PAYSAGE.

CHAPITRE PREMIER.

DES PROCÉDÉS DE LA GÉOMÉTRIE PRATIQUE.

LES figures qu'on ſe propoſe de faire, ſont ou planes, ou ſolides; les planes ſe ſont ſur le papier, ſur un mur, ou ſur le terrein.

PROBLEME I.

Elever une perpendiculaire d'un point donné dans le milieu d'une ligne droite, ſoit le point donné L *au milieu de la ligne* I K. [Pl. 1. Fig. 1.]

Du point L décrivez d'une même ouverture de compas les arcs IK, ouvrez le compas à diſcrétion, & des points I & K faites la ſection M par le point L & la ſection M menez la ligne L M, qui ſera la perpendiculaire déſirée.

PROBLEME II.

D'un point donné C, hors une ligne droite A B, *abaisser une perpendiculaire sur cette ligne.* [Fig. 2.]

Du point C pris pour centre, décrivez à volonté un arc E F, qui coupe la ligne A B en deux points E & F; de chacun de ces points & d'une ouverture de compas à discrétion, faites la section D au-dessous de la ligne A B, des points D & C, abaissez la perpendiculaire C D.

PROBLEME III.

Elever une perpendiculaire à l'extrémité d'une ligne AB. [Fig. 3.]

Du point A, comme centre, & de l'intervalle A B, décrivez à volonté l'arc B C du point B pour centre, & même intervalle, décrivez l'arc A E; du point F, section des deux arcs, & même intervalle, c'est-à-dire même ouverture de compas, décrivez l'arc D; menez par les points B & F la ligne B D, terminée par la section D; élevez du point A au point D la perpendiculaire A D.

PROBLEME IV.

Elever une perpendiculaire à l'extrémité d'une ligne A B. [Fig. 4.]

Du point C pris à volonté, & comme centre, décrivez une portion de cercle D A E : du point D au point C tirez la ligne D E, le point E sera le point de section, du point A au point E, tirez la ligne A E qui sera la perpendiculaire desirée.

PROBLEME V.

Par un point donné G, *mener une ligne droite parallele à une ligne donnée* A B. [Fig. 5.]

Du point G décrivez l'arc I E K, ensorte qu'il touche la ligne A B; du point F, placé à discrétion sur la ligne A B, & de la même

même ouverture de compas décrivez l'arc L H M, & par le point G, menez la ligne C D tangente à l'arc L H M.

PROBLEME VI.

Diviser une ligne droite AB *en tant de parties égales qu'on le jugera à propos, par exemple en sept.* [Fig. 6.]

De la distance AB, & du point A comme centre, décrivez l'arc BD; du point B comme centre & même ouverture de compas, décrivez l'arc opposé A C, bornez à volonté sur ces deux arcs l'ouverture des deux angles AC & BD; prolongez les lignes ponctuées Am & Bl, à discrétion, portez une ouverture de compas à volonté sept fois sur la ligne ponctuée A vers m, également sur celle B vers l; ensuite tirez les lignes ponctuées B. m, d. a, e. n, & elles diviseront la ligne AB en sept parties égales, il en résulte plus de netteté & d'exactitude que si la ligne A B eût été divisée par tatonnement, & l'opération n'est pas plus longue.

PROBLEME VII.

Par trois points donnés ABC, *faire passer la circonférence d'un cercle.* [Fig. 7.]

Des points A & B faites les sections E & F; tirez la ligne ponctuée E F des points B & C, faites les sections G H; tirez la ligne ponctuée GH jusqu'à ce qu'elle coupe celle E F: l'intersection I sera le centre du cercle qui doit passer par les points AB C.

PROBLEME VIII.

Par l'extrémité d'une portion de cercle H L *dont le centre est perdu, tirer une ligne droite qui tende au centre.* [Fig. 8.]

Du point H faites à discrétion les deux distances égales HI & IK, ouvrez le compas à volonté, & des points K & H pour centres, décrivez les arcs MN & OP, qui se coupent en R; du point I & même ouverture de compas, décrivez l'arc TV, du point H pour centre & intervalle IR, décrivez l'arc X qui coupe TV; au point X, tirez par le point X & H la ligne HX qui sera croisée par la ligne prolongée RI, jusqu'en S qui sera le centre cherché.

PROBLEME IX.

D'un point donné A *dans la circonférence du cercle, tirer une tangente au cercle.* [Fig. 9.]

Du point A tirez le rayon AC, auquel menez AB perpendiculaire; cette ligne sera la tangente qu'on desire, c'est-à-dire qu'elle ne touchera le cercle qu'au point A, & que tout autre point de cette ligne, comme le point B sera hors le cercle.

PROBLEME X.

Diviser un cercle en huit parties égales. [Fig. 10.]

Pour le diviser en deux, tirez un diametre AB, ensuite vous le diviserez en quatre & en huit, en divisant la demie circonférence en deux également aux points CD, & sous-divisant les quatre espaces par moitié.

PROBLEME XI.

Diviser un cercle en six parties égales. [Fig. 11.]

Pour diviser un cercle en six parties égales, il faut porter six fois le rayon AO sur la circonférence aux points BCDEFG, il sera divisé en douze parties égales; en prenant la moitié de ces arcs, on le divisera de la même manière en vingt-quatre. Et si après l'avoir divisé en six, on veut le diviser en trois, on pourra le faire en passant une des divisions, comme de B en D, de D en F & de F en B: si on divise chacun de ces arcs en trois, on aura le cercle divisé en neuf parties égales.

PROBLEME XII.

Diviser un cercle en cinq parties égales. [Fig. 12.]

Pour diviser le cercle en cinq parties égales & en dix, &c. tirez le diametre A B du centre C, élevez la perpendiculaire CD, partagez le rayon C A en deux également au point E; faites E F égal à ED, prenez avec le compas l'intervalle D F, & l'appliquez sur la circonférence, vous aurez la cinquième partie, ou bien appliquez CF, vous aurez la dixième; après ces opérations il est aisé d'avoir la vingtième, &c.

PROBLEME XIII.

Diviser un cercle en sept parties égales. [Fig.13.]

Pour avoir la septième partie d'un cercle, prenez le tiers du cercle A B D, tirez la corde A D, prenez avec le compas la moitié A E, & l'appliquez sur la circonférence, vous aurez la septième partie du cercle; l'erreur ne sera que de trois minutes, ce qui est insensible dans les petites figures, & même dans la pratique, parce qu'on opere avec un compas.

PROBLEME XIV.

Sur une ligne donnée AB, *décrire un quarré.* [Fig. 14.]

Elevez les perpendiculaires AC, BD, égales à AB, & tirez CD, ou bien du point A comme centre, & de l'intervalle A B décrivez l'arc A F qui coupe la précédente en E. Faites les arcs EF & E G égaux à A E, & coupez-les en deux également en C & en D, tirez les lignes A C, CD, DB, cette Figure sera un quarré parfait.

MOYENS

POUR tracer au Compas plusieurs especes de MOULURES, *à l'usage des Ordres & de tous les Membres d'Architecture.*

LA Moulure 1. (*Fig.* 15.) est une petite Moulure qu'on nomme Filet, Réglet, ou Listel; elle est composée de deux lignes paralleles: elle se place ordinairement entre les grandes Moulures quarrées ou circulaires, elle les détache les unes des autres, & procure de la variété dans leur distribution. La Moulure 2. (*même Figure*) est une grande Moulure quarrée qu'on nomme Larmier; c'est la plus saillante de toutes les Moulures de cette espece, elle se place alternativement entre les Cimaises aux Corniches des Entablemens des Ordres d'Architecture, ou autres; ainsi 1. est le Listel qui couronne cette Moulure; 2. est la plate-bande du Larmier; 3. est un congé ou adoucissement qui rachete la saillie du Listel qui couronne le Larmier, & qui se trace au compas, en se servant de l'angle d'un quarré parfait pour centre.

La Moulure 1. (*Fig.* 16.) est appellée Tore. On employe ordinairement ces sortes de Moulures aux bases des Ordres, elles se tracent dans un quarré parfait par un demi cercle, dont le centre 1. jonction des diagonales, détermine la moitié de sa hauteur.

La Moulure, (*Fig.* 17.) est appellée Talon. Elle se trace par les sommets de deux triangles équilatéraux, qui ont chacun pour base la moitié de la diagonale qui borne sa saillie, desquels on décrit deux quarts de cercle, opposés l'un à l'autre, qui forment ensemble un Talon.

La Moulure, (*Fig.* 18.) eſt appellée Congé ou eſpece de Cavet qui ſert aux fuſts des colonnes, & généralement à réunir les Moulures horiſontales, ſoit de leurs Aſtragalles, ou des Liſteaux de leurs baſes avec la partie verticale de leurs fuſts, elle ſe trace par le ſommet d'un triangle équilatéral.

La Moulure, (*Fig.* 19.) eſt un Talon renverſé, qui ſe trace de la même maniere que le Talon droit. (*Fig.* 17.)

Les Moulures, (*Fig.* 20 & 21.) ſont des quarts de rond; elles ſe tracent par l'angle d'un quarré parfait qui ſert de centre: celui (*Fig.* 20.) eſt appellé quart de rond convexe, & celui (*Fig.* 21.) quart de rond concave.

CHAPITRE SECOND.

DE L'ORIGINE

DES ORDRES D'ARCHITECTURE.

En lisant l'origine des Ordres d'Architecture, on pourra rencontrer des termes de l'Art qui pourroient embarrasser; dans ce cas on aura recours au petit Dictionnaire qui est à la fin de ce Traité, qui renferme simplement ceux qui conviennent au discours qui a rapport aux cinq Ordres d'Architecture.

QUOIQUE le mot d'Ordre en général puisse s'appliquer à une infinité de choses différentes, pour signifier qu'elles sont dans l'arrangement qui leur convient; les Anciens l'ont affecté particulierement à l'Architecture, pour exprimer l'harmonie de plusieurs parties qui, par leurs dispositions bien dirigées, forment un tout qui plaît.

Les Ordres ont été réduits à cinq, sçavoir le *Toscan*, le *Dorique*, l'*Ionique*, le *Corinthien*, & le *Composite*.

Les Grecs, qui ont inventé les Ordres, n'en ont jamais eu que trois, le *Dorique*, l'*Ionique* & le *Corinthien*: les deux autres, c'est-à-dire, le *Toscan*, & le *Composite* ont été imaginés par les Romains; mais ces deux Ordres, qui sont un composé des trois Ordres Grecs, leur sont bien inférieurs en beauté.

L'Ordre *Toscan* ne peut être employé que dans les ouvrages massifs; on peut s'en servir avec succès aux portes de Ville.

L'Ordre *Composite* est admis par les Anciens & les Modernes pour cinquième Ordre. Quelles peuvent être les raisons des premiers? Celle des tems où il a été introduit par les Romains: cela a quelque vraisemblance; mais pour les Modernes, ils auroient pu, ce semble, éviter de s'astreindre à une proportion & une décoration qui sont impraticables dans le cas où l'on desireroit élever l'un des deux Ordres sur l'autre, eu égard à leur égalité de proportions, &, pour ainsi dire, de décoration; quoi qu'il en soit, c'est l'inférieur en beauté qui doit servir de sous-bassement au plus riche; ces raisons ont déterminé l'Auteur, dans son Traité sur les Ordres d'Architecture, (*a*) à le réduire de vingt modules de hauteur qu'il avoit compris base & chapiteaux à dix-neuf modules, & à le placer entre l'Ordre Ionique & l'Ordre Corinthien; mais pour que cette diminution paroisse moins sensible, il en a pris la principale partie sur le chapiteau qu'il a décoré de maniere qu'il soit plus riche que le chapiteau de l'Ordre Ionique, & inférieur à celui de l'Ordre Corinthien. Cette nouvelle proportion fixe la véritable place que cet Ordre doit occuper parmi les quatre autres, & le met dans le cas d'être élevé sur l'Ordre Ionique, ou servir de sous-bassement à l'Ordre Corinthien; il seroit inutile d'entrer à cet égard dans un plus long détail, parce que ce n'est ici qu'une affaire de convention entre les Artistes: ainsi dans la description des Ordres d'Architecture, on suivra l'arrangement que leur ont prescrit les Anciens, adopté des Modernes.

Dans tous les Ordres d'Architecture, la colonne est composée de trois parties, de la base, de la tige ou fust, & du chapiteau, quant aux piédestaux, il n'en sera pas mention, parce qu'en considérant les colonnes comme les jambes de l'édifice, il seroit ridicule de leur donner d'autres jambes qui deviendroient très-inutiles, & détruiroient la beauté & l'élégance des Ordres qu'elles porteroient;

(*a*) Qui se trouve à Paris chez Jombert, pere, rue Dauphine; Knapen & Delaguette, Libraires-Imprimeur, au bas du Pont Saint Michel; Jombert, fils, Libraire, rue Dauphine.

elles n'ont été imaginées sans doute que lorsqu'on a eû des colonnes trop courtes, pour suppléer à leur défaut d'élévation; car il est bien certain que rien ne donne à l'Architecture un air plus pesant que ces massifs anguleux qu'on fait servir de sous-base aux colonnes; d'ailleurs, lorsque l'intervalle en hauteur, que doit remplir les colonnes, est déterminé, si l'on supprime les piédestaux, & qu'on les pose sur de simples dez ou socles de peu de hauteur, elles deviendront plus agréables aux yeux, & auront plus de rapport à la masse générale de l'édifice qu'elles décorent; donc d'après ce principe qu'on croit fondé, les piédestaux ne serviront plus qu'à porter des statues.

Dans tous les Ordres d'Architecture, l'entablement est divisé en architrave, frise, & corniche.

Il y a deux sortes de moulures qui servent à caractériser les Ordres d'Architecture; ce sont les moulures quarrées & les moulures rondes; les premières ont par elles-mêmes quelque chose de sec, les secondes ont beaucoup de douceur & de grace; lorsque ces moulures se trouvent assorties & mêlangées avec goût, il en résulte un grand avantage pour l'Architecture; chaque moulure est un champ sur lequel la sculpture peut s'appliquer, en évitant la confusion dans les ornemens, & laissant des intervalles, c'est-à-dire des repos; car si l'on veut enrichir sagement les moulures, il ne faut jamais tailler deux membres de suite, on en laissera toujours un sans sculpture; il y a cependant des cas où on ne peut se dispenser de décorer deux moulures de suite, par exemple, lorsqu'il y a une baguette sous un quart de rond; ce sont deux moulures rondes qui ne s'accorderoient pas, si l'une des deux restoit lice, mais alors il faut faire choix d'un genre d'ornement qui convienne à l'une & à l'autre, sans se confondre.

On prétend que l'Ordre Dorique fut inventé par un nommé Dorus, Roi d'Achaie, qui l'employa dans Argos à la construction

du

du ſuperbe Temple qui fut érigé à la Déeſſe Junon, & qu'enſuite on en bâtit un autre dans Delos à Apollon, à l'occaſion duquel on imagina les triglyphes, pour repréſenter la lyre dont ce Dieu étoit l'inventeur.

L'Ordre Dorique aura toujours la prédilection des Architectes qui aiment à ſe ſignaler en s'engageant dans les voies difficiles, car la grande difficulté de cet Ordre conſiſte dans le mêlange alternatif des triglyphes & des métopes qui décorent la friſe de ſon entablement, parce que les triglyphes doivent toujours avoir la forme d'un quarré long, & les métopes, celle d'un quarré parfait, & lorſqu'on veut accoupler cet Ordre, on s'apperçoit que cette diviſion eſt extrêmement gênante, attendu qu'on ne pouvoit l'accoupler ſans que les baſes des colonnes & même les chapiteaux ſe pénétrent, ou que le métope, qui eſt placé entre les deux colonnes, ſoit plus large que haut, deux fautes qui ne devroient jamais ſe tolérer. On trouvera dans ce Traité cette difficulté levée, parce qu'il falloit néceſſairement donner des principes pour faciliter l'accouplement de cet Ordre qui convient à la décoration des portes de Villes.

L'Architrave de l'entablement eſt très-ſimple, il n'y a de remarquable que les gouttes pendantes au bas des triglyphes, qui ſont communément en forme de pyramide quadrangulaire enclavés, ou de cônes tronqués & enclavés.

La Friſe eſt le plus bel endroit de tout l'Ordre; il doit toujours y avoir un triglyphe répondant directement à l'axe ou milieu de la colonne, parce que les triglyphes repréſentent les bouts des solives, & qu'il eſt naturel qu'ils poſent ſur leur appui.

La Corniche eſt ornée de mutules placés au deſſous du larmier & au-deſſus de chaque triglyphe. Cet enſemble a quelque choſe de ſi frappant & de ſi régulier, qu'il mérite l'attention des connoiſſeurs;

car on peut dire que l'Ordre Dorique eſt un bel Ordre d'Architecture décoré de membres lices, dont l'admirable diſtribution le diſtingue des autres Ordres.

L'Hiſtoire ne nous apprend pas poſitivement quel eſt l'Auteur de l'Ordre Ionique; l'on ſçait ſeulement qu'un nommé Ion, Athénien, fut choiſi par ſa Nation pour être chef de treize Colonies, qui furent envoyées dans l'Aſie mineure, où ils s'établirent dans la Carie, nommée enſuite Ionie, pour faire honneur à Ion qui en avoit fait la conquête, & qui y fit bâtir treize grandes Villes dont la plus conſidérable étoit Epheſe, où l'on éleva un Temple à Diane, dont l'Ordre étoit différent du Dorique, & comme ce Temple eut enſuite beaucoup de réputation, on nomma le deſſein ſelon lequel il avoit été conſtruit l'Ordre Ionique, pour marquer la Province où il avoit pris naiſſance.

La beauté de l'Ordre Ionique plus léger & plus délicat que le précédent, conſiſte dans ſes ornemens, dont le charme n'eſt altéré par aucune imperfection ſenſible; la baſe eſt une des plus belles: on la nomme baſe attique, ſes deux tores de différentes groſſeurs, réunis par une Scotie, font un très-bel effet; cette baſe préſente à la fois ſolidité & beauté.

Le chapiteau Ionique eſt la partie de tout l'Ordre où il règne le plus d'invention, & qui en marque plus vivement le caractère; un aſtragale, un ove, des volutes ſurmontés d'un talon & d'un tailloir quarré, en font toutes les richeſſes; la grande beauté de ce chapiteau vient des deux volutes qui le décorent d'une manière très-gracieuſe. On a l'obligation à Scamozzi d'avoir perfectionné ce chapiteau; car cet Auteur a imaginé de faire les quatre faces pareilles & toutes à volutes pour éviter les faces à baluſtres reunies par une pomme intermédiaire, qu'on nomme ceinture ou baudrier, qui le rendoit moins intéressant & souffroit quelques difficultés aux angles saillans, au retour du portique, parce que le chapiteau de la colonne angulaire présentoit d'un côté sa face à volutes, & de l'autre sa face à balustres, ce qui faisoit un contraste singulier qu'on évite en faisant, ainsi que Scamozzi, les quatre faces semblables.

Les Modernes ont encore enchéri sur l'invention de Scamozzi, qui avoit conservé le tailloir quarré, & laissé l'épaisseur qui fait la jonction des volutes, égales par-tout; ils ont imaginé de faire cette épaisseur de manière qu'elle aille toujours en s'élargissant par-dessous; ils ont aussi échancré & courbé le tailloir, en lui faisant suivre, à toutes les faces, l'inflexion des faces des volutes; ce qui donne toute la grace possible à ce chapiteau; il seroit même difficile d'ajouter quelque chose à sa perfection.

L'Entablement Ionique répond à l'élégante simplicité de tout le reste; sa corniche est charmante; elle n'a qu'une médiocre saillie qui est effacée par les membres qui soutiennent le larmier: elle est la mieux prise & la plus avantageuse de toutes les corniches, & n'ayant que des ornemens simples, tels que les denticules toujours taillés en dents, & les modillons qui soutiennent le larmier dont la sophite est creuse.

Vitruve, en parlant de l'Ordre Corinthien, dit qu'il fut inventé par Callimachus, Sculpteur Athénien, qui demeuroit alors près de la Ville de Corinthe, une des plus considérables de la Grece; & comme il y a apparence que c'est là où cet Ordre fut mis en usage pour la première fois, c'est sans doute ce qui lui en a fait retenir le nom : d'autres prétendent que le chapiteau Corinthien tire son origine du Temple de Salomon; mais sans entrer dans un plus long détail, il faut convenir que l'Ordre Corinthien est le chef-d'œuvre de l'Architecture, & que tout ce qu'on a pu faire de mieux jusqu'ici, a été d'atteindre à la beauté de cet Ordre qui vient de ces premiers Inventeurs. Il est réservé à cet Ordre bien exécuté de faire les grandes impressions par la noblesse de son caractère & la grande manière de ses ornemens : il seroit à souhaiter qu'on adapte à cet Ordre la belle base attique dont l'invention est infiniment sensée; car celle dont on décore cet Ordre n'est autre chose que la base Ionique, augmentée d'un grand tore, immédiatement au-dessus du plinthe, de manière que le défaut de cette base est d'être trop délicate, ce qui fait qu'elle manque d'un certain air de solidité si desirable & si nécessaire à toutes bases; les moulures en sont si fines qu'au moindre effort elles doivent se briser.

Le chapiteau Corinthien est un chef-d'œuvre de l'art; c'est par cet endroit que l'Ordre Corinthien est sensiblement au-dessus de tous les autres; il a une grace parfaite, & il est de la plus grande richesse; c'est un grand vase rond, couvert d'un tailloir recourbé sur les quatre faces; ce vase est couvert par le bas de deux rangs de feuilles, dont les courbures ont une médiocre saillie; du sein de ces feuilles sortent des tiges ou caulicoles qui vont former de petites volutes sous les coins du tailloir & des quatre milieux, ce qui procure à la saillie du tailloir un appui des plus élégans; enfin il règne dans tout cet assortiment une douceur, une harmonie que le goût seul peut faire sentir. L'idée du chapiteau Corinthien, à ce que dit l'Histoire, est venue par l'effet du hasard au Sculpteur Callimaque, il découvrit un vase autour duquel une plante d'Acanthe avoit négligemment élevé son feuillage & ses tiges; ce vase avoit été placé sur le tombeau d'une jeune fille de Corinthe par sa nourrice, qui l'avoit rempli de tous les petits effets qu'elle avoit aimés pendant sa vie, & pour empêcher qu'ils ne se gâtent par la pluie, elle le couvrit d'une tuile; il arriva qu'au printems les branches d'Acanthe s'élevèrent autour du vase & se recourbèrent ſous les coins de la tuile, ce qui produiſit une forme de volutes, c'eſt de cet événement, ſelon Vitruve, que l'Ordre Corinthien prit ſon origine.

Le Vaſe, qui fait le fond de ce chapiteau, eſt un corps ſolide qui a toute la force néceſſaire pour porter le tailloir & l'architrave; les feuilles d'Acanthe & les caulicoles qui couvrent ce vaſe, ne le dérobent point entièrement à la vue, il paroît aſſez pour rappeller à l'imagination l'idée de ſon origine, & la raſſurer; car ſans cela elle ſeroit effrayée de voir un tailloir porté par de ſimples feuilles ou tigettes, quoique ces feuilles qui ſont courbées & délicates, déſignent bien qu'elles ne portent rien, & qu'elles n'y ſont que pour l'ornement.

L'Entablement Corinthien a beaucoup de reſſemblance avec l'Ionique; mais les ornemens y ſont plus multipliés, & la corniche n'eſt pas ſi parfaite; elle eſt compoſée d'un denticule qui ne doit pas être taillé en dents, à cauſe des modillons qui ſont au-deſſus, & qu'il ne ſeroit pas naturel de mettre les denticules, qui ſont comme les chevrons ſous les modillons qui tiennent lieu de force. Ces modillons avec leurs arrières-corps ſont couronnés d'un talon, d'un larmier, &c. Le ſeul inconvénient de cette corniche, c'eſt ſa grande ſaillie; le plafond du larmier eſt preſqu'auſſi peſant que celui de l'Ordre Dorique; il eſt vrai qu'on ne peut diſconvenir que ce plafond eſt joliment hiſtorié, par le mèlange des modillons & des caiſſes quarrées qu'on remplit par une roſe ſculptée, ce qui autoriſe à dire qu'il ſeroit difficile de faire diſparoître ce leger défaut, ſans toucher aux vraies beautés; on obſerve toujours que les modillons ſoient diſpoſés de manière qu'il y en ait un qui réponde au milieu ou axe de chaque colonne.

Les Romains, après s'ètre rendus maîtres de l'Univers, enrichirent

Rome, non-ſeulement de tous les tréſors que leur procurèrent leurs conquêtes, mais introduiſirent encore tout ce qu'ils trouvèrent d'admirable chez les Etrangers, particulièrement leur manière de bâtir, que des ouvriers, leurs eſclaves, leur enſeignoient; & bientôt ſurpaſſant en magnificence toutes les autres Nations, leurs édifices devinrent dans la ſuite les plus excellens modeles qu'on put imiter; & pour enchérir ſur ce qu'ils tenoient des Grecs, ils voulurent ſe faire un Ordre plus riche que tous les autres: & comme dans ce tems-là la matière étoit déjà épuiſée, ils prirent des autres Ordres ce qui leur parut de plus beau & en firent celui qu'on a nommé depuis l'Ordre Compoſite; la ſeule Province de Toſcane ne voulant rien devoir aux Grecs, ſes plus cruels ennemis, inventa l'Ordre qui depuis a conſervé ſon nom, & pour ſe paſſer abſolument des autres, il fallut le deſtituer d'ornemens, ſe contentant de décorer les Temples & les autres édifices qui devoient avoir quelques reliefs de colonnes, ſans piédeſtaux & d'un ſimple chapiteau ſurmonté par l'entablement dont la corniche & les autres parties ſont des plus unies.

Le Compoſite de Vitruve a la même baſe que le Corinthien; ſon chapiteau a de grandes reſſemblances avec le chapiteau Corinthien; c'eſt également un vaſe couvert de deux rangs de feuilles d'Acanthe diſpoſées de même manière: au lieu de tigettes ou caulicoles, il y a de petits fleurons collés au vaſe, & contournés vers le milieu de la face du chapiteau, le vaſe eſt terminé par un filet, un aſtragale & un ove, du dedans de ce vaſe ſortent de grandes volutes ſemblables à celles de l'Ordre Ionique; ces volutes ſont ornées d'une feuille d'Acanthe qui ſe recourbe comme pour ſoutenir les coins du tailloir, & laiſſe tomber de deſſous elle ſur chaque rebord de volute un fleuron qui le couvre preſqu'entièrement: le tailloir eſt ſemblable à celui du chapiteau Corinthien.

L'Entablement Composite ne répond pas à la beauté de son chapiteau; la corniche est très-pesante, la forme des modillons n'est pas agréable, la saillie du larmier au-delà des modillons est ridicule, & rend l'usage des modillons tout-à-fait inutile, de manière qu'il seroit fort à propos de la réformer entièrement & d'en composer une autre; mais comme cet entablement a acquis, par l'usage qu'en ont fait d'habiles Architectes, un certain crédit qui engage encore aujourd'hui les Artistes à l'employer, il faudroit, avant d'entreprendre ce changement, recueillir la pluralité des voix en présentant un nouveau modèle, car la plupart des Artistes ont une si grande vénération pour les productions des Anciens, que le seul mot de nouveauté les révolte.

Lorsqu'on aura lu le détail des Ordres avec attention, il sera facile de les distinguer les uns des autres, car il est clair que l'Ordre Toscan se distingue par sa simplicité, n'étant accompagné d'aucun ornement; l'Ordre Dorique se connoît par les triglyphes qui servent à enrichir la frise de son entablement, étant le seul où cet ornement se rencontre; l'Ordre Ionique se fait connoître par les volutes qui accompagnent le chapiteau; l'Ordre Corinthien par son chapiteau qui est orné de feuilles d'Acanthe, & de plusieurs ornemens qu'on n'apperçoit pas dans les précédens, de manière qu'on ne peut s'y méprendre, enfin on connoîtra l'Ordre Composite par son chapiteau qui a les volutes du Ionique & la forme & les feuilles du Corinthien.

Il y a beaucoup de bâtimens, qui sans avoir de colonnes, ont le caractère de quelques-uns des Ordres, tant par leur proportion que par le rapport de leurs détails aux Ordres, tels que les entablemens, les couronnemens des façades, les grandes portes, &c. Ainsi lorsqu'on voit des triglyphes décorer l'entablement qui termine une façade, l'on peut dire que cette façade tient sa proportion & sa décoration de l'Ordre Dorique, & ainſi des autres.

Comme à tous les Ordres la proportion des petites parties dépend de celle des plus grandes, tous les Auteurs tant anciens que modernes ont pris pour meſure commune le demi-diamètre de la colonne, qu'ils ont appellé modules, & qu'ils diviſent en un nombre de parties égales, par exemple en 12 pour les Ordres Toſcan & Dorique, & en 18 pour les trois autres, de ſorte que lorſqu'on dit qu'une colonne a 18 modules de hauteur, on doit entendre que cette hauteur eſt égale à 9 diamètres, ou 18 demi-diamètres de la colonne, en obſervant cependant que pour rendre la colonne plus agréable à la vue, on lui a donné moins de groſſeur vers ſon chapiteau que ſur la baſe; cette diminution fait qu'elle n'eſt pas cylindrique, & peut avoir pluſieurs diamètres; mais pour ne pas s'y tromper, on prendra le demi-diamètre ſur le cercle qui répond à la baſe de la colonne.

Les cinq Ordres augmentent progreſſivement en proportion & en richeſſe; Vignole donne à la colonne Toſcane 7 diamètres, compris baſe & chapiteau, à la Dorique 8 diamètres, à la Ionique 9 diamètres, & à la Corinthienne & Compoſite 10 diamètres.

L'Auteur a changé ces proportions dans ſon Traité d'Architecture pour des raiſons qu'il expoſe; il donne 16 modules de hauteur à la colonne Toſcane, compris baſe & chapiteau; 17 à la Dorique, 18 à la Ionique, 19 à la Compoſite, & 20 à la Corinthienne.

DÉTAILS

Détails des Ordres Toscan et Dorique.

ORDRE TOSCAN.

L'Ordre Tofcan a 16 modules de hauteur, compris bafe & chapiteau. Cette proportion paroîtra peut-être un peu forte ; mais fi l'on confidère ce qui a été dit par Daviler à cet égard, dans fon Traité d'Architecture, pag. 9, *où il convient que les colonnes à boffages font employées particulièrement aux portes de Ville, dont la conftruction doit paroître forte & l'afpect terrible, avec peu d'ornemens ; que ces boffages augmentent le module de la colonne, & la rendent plus courte ; qu'en conféquence il faut lui donner plus de 7 diamètres*, on fe déterminera volontiers en faveur de cette augmentation qui eft relative à celle de l'Ordre Dorique qui eft d'un module pour favorifer fon accouplement.

L'entablement de l'Ordre Tofcan a 4 modules 4 parties ; le module divifé en 16 parties égales pour tous les Ordres felon l'Auteur, lefquelles doivent fervir à déterminer la proportion des moulures.

Comme les dimenfions générales fe trouvent exactement cotées fur les deffeins, on pourra connoître par le difcours la proportion des moulures, leurs figures & leurs noms ; toutes les moulures font indiquées par des lettres alphabétiques, par exemple lorfqu'on dira que la plinthe de la bafe de la colonne Tofcane, (Pl. 3. Fig. 1. lettre X.) a 8 parties de hauteur, il fuffira d'examiner cette bafe pour voir que la moulure qui répond à la lettre X, eft nommée plinthe, ainfi des autres.

De la Colonne. [Pl. 2. Fig. 1.]

La colonne Toſcane a 2 modules de diamètre par le bas, & 1 module 12 parties par le haut, parce qu'elle va en diminuant depuis le tiers juſqu'en haut, c'eſt-à-dire juſqu'à l'aſtragale du chapiteau, laquelle diminution ſous l'aſtragale eſt de 4 parties.

De la Base. [Pl. 3. Fig. 1.]

La baſe Toſcane a 1 module de hauteur, qui fait 16 parties; la plinthe X en a 8, le tore V 7, & l'anneau ou filet T, 1 p. la ſaillie de la plinthe & du tore, eſt de 22 parties ou 1 module 6 parties, de chaque côté, portées de l'axe ou milieu de la colonne, celle du filet 18 parties, le filet & l'aſtragale Q qui terminent par en haut le fuſt de la colonne; l'aſtragale a 2 parties de hauteur, & 18 de ſaillie, & le filet 1 partie de hauteur.

Du Chapiteau. [Fig. 2.]

La hauteur du chapiteau eſt de 18 parties & demie, ou 1 module 2 parties & demie, le gorgerin P. en a 6 & demie; le filet O, 1 p. l'ove N, 5 & demie, & le tailloir M, 5 & demie; la ſaillie du filet eſt de 17 parties, & celle du tailloir 22.

De l'Entablement. [Fig. 3.]

L'Architrave de l'entablement a 20 parties, le réglet I en a 3; la première face K, 9 & demie, & la ſeconde face L, 7 & demie.

La friſe H a 20 parties de hauteur.

La corniche, qui comprend le quart de rond A, la baguette B avec ſon filet C au deſſous, le larmier D, l'ove E, le filet F & le cavet

G, a 28 parties de hauteur ou 1 module 12 parties; le quart de rond en a 7, la baguette 3, le filet 1, le larmier 8, l'ove 4, le filet 1, le cavet 4; cette corniche a 42 parties ou 2 modules 10 parties de saillie.

La frise & la seconde face L de l'Architrave n'ont point de saillie & doivent répondre directement au nud de la colonne, c'est-à-dire du fust supérieur.

On creuse ordinairement sous le larmier un canal que les Ouvriers appellent mouchette pendante, qui sert à rendre le larmier plus léger, & pour empêcher que l'eau coule sur la frise & les autres moulures.

DE L'ORDRE DORIQUE.

De la Colonne. [Pl. 2. Fig. 2.]

La hauteur de la colonne, compris base & chapiteau, est de 17 modules, & l'entablement 4 modules 4 parties, ou le quart de 17 modules hauteur de la colonne, le module divisé en 16 parties égales, cette colonne est diminuée par le haut de 4 parties.

De la Base. [Pl. 3. Fig. 4.]

Cette base a 16 parties de hauteur, la plinthe b en a 8, le tore a, 4 & demie, l'astragale z 2, & le filet au-dessus 1, la saillie de la plinthe est de 22 parties, celle de l'astragale V du chapiteau 19.

Du Chapiteau. [Fig. 5.]

Ce chapiteau a 18 parties & demie de hauteur sans y comprendre l'astragale V; le gorgerin T en a 6 & demie, le cavet S, 2; le filet au-dessus 1 demie, l'ove ou quart de rond R, 2 & demie; l'abaque Q du tailloir 3 & demie, le talon P, 2, & le filet au-dessus, 1 demie; la cimaise du tailloir a 22 parties de saillie, &c.

De l'Entablement. [Fig. 6.]

Cet entablement, qui a beaucoup de rapport avec celui qui a été tiré d'une antiquité qui servoit à Albane près de Rome, a 4 modules 4 parties de hauteur; les gouttes f qui sont au-dessous des triglyphes, doivent toujours être au nombre de six, disposées de façon que leur intervalle en occupe la largeur; ces gouttes sont pyramidales, & quelquefois en forme de clochettes, elles sont couronnées par un filet & un réglet dont la saillie est de 2 parties; les triglyphes d sont élevés dans la frise de toute sa hauteur, leur largeur est de 12 parties pour l'Ordre isolé, ils sont refendus de deux canneaux qui ont chacun 2 parties, ils sont séparés par trois arrêtes qui ont ensemble 2 parties de largeur, & 1 de saillie, accompagnées de chaque côté d'un demi canal: la distance K d'un triglyphe à l'autre, qu'on nomme métope, doit toujours être égale à la hauteur de la frise, ce qui le rend quarré.

L'architrave a 18 parties de hauteur, la seconde face O a 5 parties un quart, la baguette N 1 & demie, la première face M 6 & demie; la hauteur des gouttes f 2, le filet au-dessus 1 demi, & la bandelette L 2 un quart. On a observé au-dessus de l'architrave de racheter sa saillie, pour que le métope paroisse ce qu'il doit être, c'est-à-dire quarré; cette espece de talus, qui serviroit à procurer l'écoulement des eaux qui pourroient se glisser le long de la frise, a 2 parties de hauteur.

La frise a 20 parties de hauteur.

La corniche a 28 parties de hauteur, il y en a 2 & demie pour le cavet I, 1 pour le filet H, 2 & demie pour l'ove G, 5 pour la face F, & 4 pour la face e du mutule, 2 pour le talon E, 7 pour le larmier D, 2 & demie pour le talon C, 4 pour le cavet B, & 1 & demi pour le réglet A; la faillie de cette corniche eft de 42 parties ou 2 modules 10 parties.

La Figure 7 repréfente l'impofte deftinée au portique de l'Ordre Tofcan, & la Figure 8 l'archivolte.

La Figure 9, l'impofte Dorique, & la Figure 10 l'archivolte.

La Figure 3, Planche 2, repréfente le portique de l'Ordre Tofcan avec fes proportions cotées, & la Figure 4, le portique Dorique; ces deux portiques ont leurs plans au-deffous.

DE L'ORDRE DORIQUE ACCOUPLÉ. [Pl. 4.]

Pour parvenir à accoupler cet Ordre régulièrement, il faut de toute néceffité fuivre les dimenfions de Scammozi, qui donne 17 modules de hauteur à fa colonne Dorique, compris bafe & chapiteau, par ce moyen l'entablement qui, felon plufieurs Auteurs tant anciens que modernes, doit avoir le quart de la colonne, aura 4 modules 3 parties, (le module divifé en 12 parties égales) on jugera par les détails fuivans que cette proportion conduit infailliblement à la régularité de cet accouplement, qui eft effentiel dans bien des cas.

Pour que les bafes & les chapiteaux des colonnes accouplées ne fe pénetrent pas, ce qu'il faut abfolument éviter, on donne d'un axe de colonne à l'autre 2 modules 8 parties & demie ou 32 parties & demie, & conféquemment la même diftance d'un milieu de triglyphe à l'autre, les bafes & les chapiteaux auront 16 parties de faillie, portées de l'axe de la colonne; ainfi les faillies des deux bafes entre les deux axes des colonnes, auront enfemble 32 parties, & il y aura entr'elles une demi-partie de séparation, ce qui suffit pour les détacher l'une de l'autre, les chapiteaux seront dans le même cas.

L'architrave a 14 parties de hauteur, & la frise ainsi que la corniche 18 parties & demie, ce qui produit ensemble 4 modules 3 parties pour la hauteur totale de l'entablement, les triglyphes ont 14 parties de largeur, & une partie de saillie pour donner une profondeur suffisante aux canaux.

Suivant ces proportions, le métope aura 18 parties & demie de hauteur & autant en largeur, ce qui le rend quarré, forme desirable, & qui doit faire loi, parce que la beauté de l'entablement de l'Ordre Dorique consiste dans la distribution de ces détails, qui doit être régulière, parce qu'ils sont précieux.

Lorsque les colonnes accouplées seront isolées avec pilastres derriere, l'espace de l'axe de la colonne au nud du pilastre sera de 20 parties & demie, & il y aura dans la frise de l'entablement, sur le retour d'angle, un triglyphe sur le milieu de la colonne, & un métope, qui ensemble décoreront l'espace renfermé entre l'angle rentrant & l'angle saillant, lesquels produisent, à compter du milieu du triglyphe jusqu'à l'angle rentrant, 25 parties & demie, mais il y aura de l'axe de la colonne au nud du pilastre 20 parties & demie, donc le pilastre aura 5 parties d'épaisseur aux retours d'angles, & moins si on le jugeoit à propos entre les deux pilastres.

Par cet arrangement, il se trouvera deux métopes à l'angle rentrant; on observera que si l'on veut décorer la frise par quelques attributs rélatifs à l'édifice, comme cela se pratique assez ordinairement, il convient d'inscrire un second quarré dans le premier, refouillé d'une partie ou d'une partie & demie qui sera la saillie convenable aux différens ornemens qu'on pourroit sculpter dans les métopes qui, par ce moyen, se détacheront l'un de l'autre dans l'angle par la plate bande ou champ qui régneroit autour du second quarré.

DES CROISÉES.

COMME les CROISÉES sont inévitables dans la composition des Edifices, il convient de connoître leurs proportions & leurs décorations relatives aux différens genres de Bâtimens.

DE LA PROPORTION ET DE LA DÉCORATION DES CROISÉES

RELATIVEMENT aux cinq Ordonnances des Ordres d'Architecture, & à tout autre genre d'Édifices qui auroient un caractère particulier, sans être décorés de Colonnes ou Pilastres.

SCAMOZZI considère la principale entrée d'un édifice comme la bouche de ce même édifice, & les croisées comme les yeux, parce qu'elles reçoivent la lumière de dehors pour l'introduire au dedans; cette partie des bâtimens, si utile, & par laquelle on distingue la demeure des hommes d'avec les cavernes des animaux, doit avoir sa proportion & ses ornemens.

Il faut observer avant toute chose que la grandeur de l'ouverture des croisées soit proportionnée à l'édifice qu'elles éclairent intérieurement, parce que si elles étoient trop petites & trop éloignées les unes des autres, elles rendroient les lieux obscurs, & si au contraire elles étoient trop grandes & trop près les unes des autres, elles affoibliroient les murs dans lesquels elles seroient percées, & causeroient l'excès du chaud ou du froid, ainsi que la ruine de l'édifice, de manière que, pour éviter ces inconvéniens, il seroit à propos de donner une largeur égale aux trumeaux à celle des croisées, pour avoir une distribution régulière & tant plein que vuide.

C'est par la largeur de l'ouverture ou baye des croisées qu'on peut en déterminer la hauteur qui doit être au moins de deux fois la largeur, & au plus de deux fois & demie, d'après ce principe on peut fixer la hauteur des croisées qui auroient rapport aux cinq Ordres d'Architecture, & connoître progressivement leurs proportions particulières, par exemple celle de l'Ordre Toscan qui doit être la plus simple, aura deux fois sa largeur en hauteur, & celle de l'Ordre Corinthien deux fois & demie, ce qui fait une demie baye de différence; si l'on divise cette différence en 4 parties égales, une de ces 4 parties sera l'augmentation de chacune des quatres croisées, adaptées aux quatre derniers Ordres; ainsi supposant que la largeur des bayes des cinq croisées soit de 4 pieds, la moitié sera 2 pieds dont le quart est 6 pouces: donc:

La croisée Toscane aura	4 pieds de large &	8 pieds de haut.	
Celle Dorique, . . .	4	8	6°. de h.
Celle Ionique, ...	4	9	0
Celle Composite, . .	4	9	6
Celle Corinthienne, . .	4	10	0

Comme il doit y avoir un rapport de proportion entre les bayes des croisées & leurs chambranles, on divisera la largeur des bayes en 6 parties égales, l'une desquelles sera pour la largeur de leurs chambranles qui acquéreront de la légéreté, à mesure que les croisées augmenteront en hauteur.

Si les croisées étoient couronnées d'un petit entablement, (*comme cela se pratique aujourd'hui, à l'imitation des Anciens*) cet entablement qui seroit celui du grand Ordre réduit, exigeroit une échelle particulière, qui seroit une échelle de réduction: pour la connoître,

il

il faut confidérer le chambranle de chacune des croifées, relatives aux différens Ordres, comme l'architrave de leurs entablemens, qu'on divifera en 20 parties égales, defquelles on en prendra 16 pour former un module (*ainfi que l'Auteur l'a divifé pour tous les Ordres dans fon Traité d'Architecture, excepté l'Ordre Dorique accouplé.*) Avec cette échelle, il fera facile de placer les petits entablemens au-deffus des croifées, auffi régulièrement que s'ils couronnoient les Ordres d'Architecture, en obfervant de donner une demi-partie de faillie aux frifes pour les détacher des murs; on peut ajouter au-deffus des corniches, des amortiffemens, ou des focles pour porter des grouppes de figures, ou des bas-reliefs, &c. On ne fait pas mention des frontons qu'on place affez communément au-deffus des croifées, parce que leur origine, qui eft raifonnable, ne permet pas cette licence.

Les appuis des croifées doivent avoir 2 pieds 6 pouces de hauteur, & au plus 3 pieds, à moins que des raifons particulières obligent à réduire cette hauteur au-deffous de celles qu'on vient d'indiquer, comme par exemple, s'il n'y avoit pas affez d'élévation de plancher, & qu'on foit obligé d'employer l'efpace renfermé entre deux planchers pour la hauteur des bayes des croifées, afin de procurer plus de jour, & leur donner extérieurement une proportion convenable; dans ce cas on fuppléroit aux appuis par des balcons de fer.

La Planche 5 préfente le plan A, l'élévation B, & le profil C d'une croifée Tofcane, dont la baye a 4 pieds de largeur & 8 de hauteur, ornée de fon chambranle D, & couronnée d'un entablement E.

Dans l'ouverture de cette croifée, on y a placé un chaffis ou venteau de menuiferie, qui fert à la fermer & à recevoir des carreaux de verre dans des feuillures qui y font obfervées, ce qui donnera l'intelligence pour toutes les autres; on a pratiqué dans la hauteur d'appui un abat-jour pour éclairer les fouterrains.

INSTRUCTION

SUR LES PORTES QU'ON FAIT AUX VILLES DE GUERRE.

AVANT qu'on fortifie les Places, comme on le fait aujourd'hui, on avoit recours à toutes fortes d'inventions pour garantir les portes des furprifes; on pratiquoit à droite & à gauche du paffage des efpeces de corridors ou places d'armes garnis de créneaux qui fervoient à paffer par les armes, ceux qui après avoir enfoncé la première porte, fe trouvoient arrêtés par la herfe ou autre barrière; on faifoit quelquefois ces paffages de biais, ce qui les rendoit fi obfcurs, parce que l'entrée & la fortie n'étoient pas directement oppofées, qu'ils reffembloient à des coupe-gorges.

Aujourd'hui que la force des Places confifte dans les ouvrages détachés, on fait les portes beaucoup plus fimples; on fe borne à les couvrir par une demi-lune, lorfqu'elles font conftruites dans le milieu des courtines, & d'en défendre l'entrée par les flancs des baftions voifins.

On a joint à cette inftruction le Plan, la Coupe, & les Elévations Géométrales des façades intérieures & extérieures d'une porte de Ville, avec leurs proportions cotées, pour éviter d'avoir recours à l'échelle.

La Planche 6 préfente le plan & l'élévation d'une porte de Ville, vue intérieurement.

La Planche 7 préfente les élévations de deux portes de Ville, vues extérieurement, dont celle défignée par la lettre A, eft décorée par l'Ordre Tofcan, & celle défignée par la lettre B, eft décorée par l'Ordre Dorique, toutes deux ornées de boſſages; au-deſſus de ces deux élévations on a repréſenté en grand le poids de baſcule C, dont on connoîtra l'uſage dans la deſcription ſuivante, où il ſera mention des ponts-levis.

Sur la même planche eſt une coupe D, priſe ſur la longueur A B du plan (*Pl. 6.*) pour faire appercevoir l'intérieur & la diſtribution des doſſerets, &c.

A côté de cette coupe, il y a deux différens deſſeins de guérites, placées chacune à l'angle ſaillant d'un baſtion, pour en donner l'idée.

L'ouverture des portes de Villes entre les pieds droits a, b, (*Pl. 6. Fig.* 1.) doit avoir 9 ou 9 pieds 6 pouces ſur 13 à 14 pieds de hauteur.

Dans le paſſage qui communique d'une ouverture de porte à l'autre, il faut y obſerver une diſtribution de pilaſtres ou doſſerets C D E, le plus régulièrement poſſible, pour porter les arcs doubleaux de la voute; ils peuvent avoir 2 pieds ou 2 pieds 6 pouces de largeur & 5 à 6 pouces de ſaillie.

On obſervera auſſi entre leſdits doſſerets, de pratiquer des arriere-corps c, d, pour aſſurer une retraite aux gens de pied, dans le cas où le paſſage ſeroit embarraſſé par des voitures.

On conſtruit au-deſſus du paſſage deux petits bâtimens E, F, (*Pl.* 7. *Fig.* 4.) celui E faiſant face à la Ville, & celui F à la campagne; le premier eſt deſtiné à loger un Capitaine des portes ou un Aide-Major de la Place; le ſecond pour loger l'orgue qui eſt une porte à couliſſe qui ſe leve & ſe baiſſe perpendiculairement par le moyen d'un tour qu'on lâche de façon que l'orgue peut tomber tout d'un coup: cette porte ſert à couper le paſſage aux ennemis, ſi l'on étoit ſurpris dans un tems de ſiege, après avoir rompu le pont-levis par le canon.

Pour veiller à la sûreté des portes, on pratique deux corps-de-garde C, D, (*Pl. 6. Fig.* 1.) l'un pour l'Officier, & l'autre pour les Soldats, & entre les deux corps-de-garde sous le passage deux vestibules pour faciliter le service.

Le corps-de-garde de l'Officier ne devant pas être si grand que celui des Soldats, on en retranche une partie, pour faire une prison, qui est désignée par la lettre E sur la même planche, c'est-à-dire sur le plan.

A côté des corps-de-garde, on place deux escaliers F, G, pour monter aux remparts, & communiquer dans les bâtimens qui sont élévés sur les deux portes.

On peut orner d'Ordres d'Architecture les portes de Ville: les Ordres Toscan & Dorique peuvent y être employés, étant susceptibles d'être revêtus de bossages, genre rustique qui convient aux entrées des Places, pour annoncer une noble résistance: ces portes se ferment ordinairement par des ponts-levis, qu'on peut lever ou baisser à discrétion.

Il est bon de prévenir que lorsqu'on décore une façade & que la décoration est susceptible de parties saillantes ou avant-corps, on ne peut s'assurer de leurs effets & de celui des arriere-corps sur une simple élévation géométrale, sans le secours de la perspective.

INSTRUCTION

SUR LES PONTS-LEVIS.

AYANT déterminé ſur le plan (*Pl. 6. Fig. 1.*) la largeur a. b, de la porte extérieure, il faut de part & d'autre intérieurement reculer les pieds droits d'environ 4 pieds, comme de e en f, afin d'avoir deux renfoncemens pour y loger les couliſſes g. g, ſur leſquelles doivent rouler les poids de baſcule h. h, qui ſervent à faire mouvoir le pont.

L'élévation G (*Pl. 7. Fig. 4.*) d'une de ſes couliſſes, qu'on nomme ſinuſoïde, repréſente ſa forme; elle eſt exécutée en maçonnerie; on y voit le poids de baſcule ſuſpendu, parce que le pont eſt baiſſé; il eſt attaché à une chaîne qui paſſe ſur deux poulies à travers du mur de face pour aller joindre le chevet H, L, du pont qui doit être de longueur ſuffiſante, pour que les chaînes qui ſont à ces extrêmités ſe trouvent exactement attachées vis-à-vis des poulies, ce qui eſt ſenſible.

Rien n'eſt plus facile que de lever ce pont par le moyen des poids de baſcule & des ſinuſoïdes; il n'eſt queſtion que d'aider les poids à vaincre le frottement, pour que le pont ſe leve, ce qui peut ſe faire ſans y employer beaucoup de force, ſur-tout ſi les poids ſont en équilibre avec le pont, ce qu'il eſt facile de connoître en calculant les deux peſanteurs; on pouſſe ſimplement le tablier I du pont pour le faire deſcendre, & lorſqu'il eſt deſcendu ſur le premier chevalet L H du pont dormant, on l'arrête avec des verrouils.

Pour éviter de toucher aux poids de baſcule, lorſqu'on veut les faire deſcendre, le moyen le plus ſimple ſeroit d'accrocher deux chaînes au pont qui se réuniroient, pour passer sur une poulie placée au milieu des tableaux de la porte, de sorte que lorsqu'on voudroit fermer la porte, c'est-à-dire élever le pont-levis, un seul homme puisse suffire en tirant ces chaînes qui aideroient les poids de bascule à descendre.

Il faut observer que la piece de bois, qui est au chevet du pont, soit d'une grosseur suffisante pour résister à l'effort du pont, lorsqu'il est en mouvement, sans cette précaution elle pourroit se rompre.

Le plancher du pont-levis est composé de madriers de deux pouces d'épaisseur; il est porté par des soliveaux de 5 à 6 pouces de grosseur: pour conserver ce plancher, on le couvre de barres de fer de 7 pieds de longueur & 2 pouces de largeur, posées tant plein que vuide, & attachés chacune avec 4 crampons.

Les poids de bascule C, (*Pl.* 7. *Fig.* 3.) doivent être cylindriques, pour rouler plus facilement le long des coulisses; ils sont percés dans le milieu par un trou d'un pouce en quarré, afin d'y passer un essieu qui serve à entretenir la chape G qui doit en faciliter le mouvement, les extrêmités de ces essieux doivent être arrondies pour qu'ils puissent tourner avec le poids dans la chape.

Les coulisses doivent être creusées d'environ 6 à 7 pouces, & terminées par deux bordures de 8 pouces d'épaisseur, pour entretenir le poids & l'obliger à faire toujours le même chemin. Dans le fond de chaque coulisse, on met deux barres de fer plates qui font la même courbure que la sinusoïde; c'est sur ces barres que roulent les poids, ce qui diminue le frottement qui seroit plus considérable, s'il se faisoit simplement sur la pierre qui s'useroit avec le tems; on applique aussi des bandes de fer sur les bords des coulisses, contre lesquelles les deux cercles ou bases des cylindres puissent glisser, sans s'accrocher, en observant de laisser de part & d'autre 2 ou 3 lignes de jeu, pour que les poids roulent ſans contrainte.

On peut fermer les niches dans leſquelles ſont conſtruites les ſinuſoïdes par des cloiſons de madriers, pour que les paſſans ne puiſent toucher aux poids, ou détruire la maçonnerie: on y pratique une porte pour y communiquer au cas de beſoin.

Les ponts-dormans M, (*Pl. 6. Fig.* 1.) qu'on fait pour paſſer les foſſés des fortifications, ſont toujours de charpente, & élevés ſur pluſieurs chevalets qui ſont poſés ſur des pilles de maçonnerie, dont la hauteur ſe fixe ſur la profondeur du foſſé: ces ſortes de ponts ont aſſez ordinairement 14 pieds de large, & ſont couverts de madriers de 4 pouces d'épaiſſeur, chevillés avec des broches de fer de 8 à 9 pouces de longueur: pour les conſerver, on les couvre d'un pavé plus élévé dans le milieu que ſur les bords, afin de faciliter l'écoulement des eaux.

INSTRUCTION

Sur les Corps de Casernes.

Pour maintenir le bon ordre dans la Garniſon des places, on y fait des caſernes pour loger les Troupes; il eſt certain que lorſqu'elles ſont caſernées, elles ſont bien plus tranquilles, par la commodité que les bas Officiers ont de faire l'appel tous les ſoirs, ce qui ne peut ſe pratiquer exactement quand les Soldats ſont diſperſés chez les Bourgeois, où ils ont la liberté de ſortir à toute heure de nuit.

Un autre inconvénient, c'eſt que le Gouverneur ou Commandant de Place ne peut en tems de guerre faire ſortir des troupes, ſans que toute la Ville en ſoit imbue; s'il arrive quelques alarmes, on n'aſſemble la Garniſon qu'avec beaucoup de peine & de tems, au lieu que dans les caſernes on fait faire ce qu'on veut en très-peu de tems.

Les caſernes ſe pratiquent ordinairement, (*ainſi que M. de Vauban l'a fait en pluſieurs endroits*) le long du rempart vers les courtines; elles ſont compoſées d'un grand corps de bâtiment pour loger les Soldats; à leurs extrêmités, ſont des pavillons ſaillans qui ſervent à loger les Officiers.

Ces bâtimens ont preſque toujours deux & même trois étages, ſans y comprendre le rez de chauſſée; les uns ſont deſtinés pour la Cavalerie, & les autres pour l'Infanterie.

On verra l'un & l'autre plan, (*Pl.* 8.) diſtribués rélativement à l'une & l'autre Troupes, avec les élévations & coupes au-deſſus.

A eſt le plan du rez-de-chauſſée d'un corps de caſerne, deſtiné pour la Cavalerie,

B est le plan du premier étage du même corps de caserne.

C est le plan du rez-de-chaussée d'un corps de caserne destiné pour l'Infanterie.

D est le plan du premier étage du même corps de caserne.

E est le plan des combles desdits corps de caserne.

F est l'élévation géométrale du corps de caserne destiné pour la Cavalerie.

G est l'élévation géométrale de celui destiné pour l'Infanterie.

H est la coupe des pavillons prise sur la ligne a, b.

I est la coupe des corps de caserne prise sur la ligne c, d.

L'échelle de tous les plans & élévations est au bas de la planche.

Dans chaque corps de caserne double, les chambres doivent avoir au moins 22 pieds de long dans œuvre sur 18 de profondeur, pour pouvoir y placer 4 lits; celles du rez-de-chaussée doivent avoir 12 pieds sous-plancher; celles du premier étage 10, & celles en galletas 8, leur portes doivent avoir 3 pieds de large, & 6 de hauteur; les murs de faces, 2 pieds d'épaisseur au moins, les cheminées 5 pieds de large sur 4 de hauteur, & leurs tuyaux 3 pieds au moins sur 10 pouces; quant à leurs hauteurs, il faut qu'elles surmontent le faîte du comble de 3 ou 4 pieds pour éviter la fumée.

Les cages des escaliers doivent avoir 7 à 8 pieds de largeur, partagés en deux par un mur d'échiffre qui soutienne les rampes; les degrés ont un pied de giron sur 5 à 6 pouces de hauteur.

Dans chacune des chambres où il y a 4 lits, on peut y loger 12 Soldats; sçavoir 8 dans la chambre & 4 de garde; ainsi dans un corps de caserne composé de 12 chambres, on peut y loger 144 hommes à chaque étage.

Les écuries doivent occuper le rez-de-chaussée aux casernes destinées pour la Cavalerie.

Les logemens des Officiers dans les pavillons doivent être séparés par deux escaliers e, e, (*Fig.* A, *Pl.* 8.) & par un corridor g de 6 pieds de large qui traverse le pavillon de l'autre sens, ensorte que chaque étage des pavillons se trouve divisé en 4 appartemens, composés d'une chambre f de 18 pieds de longueur sur 16 de largeur, pour deux Officiers, & d'une cuisine h, ou garderobe pour les valets, ayant 16 pieds de long sur 14 de large; on doit observer de placer des commodités au bout de chaque corridor contre les murs des casernes.

Chaque appartement peut être occupé par un Officier en tems de paix, & par deux ou plus en tems de guerre, lorsque la Garnison est plus forte.

Les croisées peuvent avoir 3 pieds 6 pouces d'ouverture de baies extérieurement, & les portes 4 pieds.

La place d'un cheval dans les écuries doit avoir 3 pieds 6 pouces de largeur, sur 8 pieds de longueur, compris la mangeoire.

On verra par le plan E des combles de quelle manière on doit les exprimer sur les plans de Fortifications.

CHAPITRE TROISIÈME.

COURS DE PERSPECTIVE.

LA Perſpective eſt l'art de deſſiner les objets, tels qu'ils ſe préſentent à nos yeux, leſquels ſont dits vus en perſpective, lorſqu'ils ſont repréſentés conformément à l'impreſſion qu'ils font ſur les yeux.

Cette ſcience eſt une des plus belles productions de la Géométrie; elle nous conduit par l'évidence à imiter & placer dans leurs juſtes proportions tous les objets que l'Auteur de la nature expoſe à nos yeux dans un bel horizon.

C'eſt la Perſpective réduite en art, pour compoſer le tableau fidele des plus brillantes beautés, qui dans ſon exécution artiſtement dirigée, ſemble préſenter aux yeux quelque choſe d'auſſi piquant que la nature, parce qu'une ingénieuſe imitation éveille l'eſprit qui ſe plaît à en découvrir tous les rapports.

La Perſpective eſt encore une partie de l'Optique qui donne des régles sûres pour préſenter les objets dans l'aſpect naturel où ils doivent ſe trouver, à raiſon de leur diſtance & de la poſition de l'œil, & conſéquemment du ſpectateur; l'on s'en ſert avec ſuccès dans le payſage; il ſeroit même impoſſible, ſans le ſecours de la Perſpective, de concevoir comment les Maîtres de l'art ont pu communiquer des originaux ſi parfaits, & de quelle manière on doit s'y prendre pour les copier, & pour copier la nature qui préſente partout des originaux fideles & intéreſſans, parce que les régles qu'elle preſcrit démontrent ſenſiblement l'effet de chacun des objets ſéparément, & celui total de pluſieurs enſemble, & pourquoi ils paroiſſent diminuer à meſure qu'on s'en éloigne, & augmentent à meſure qu'on s'en approche.

L'œil eſt un corps rond & ſphérique, conſidéré comme un point duquel les objets ſont apperçus.

La viſion ſe fait par des rayons tirés des objets à l'œil, qui ſont comme autant de petits canaux par leſquels l'objet ſe communique à la vue.

On peut ſuppoſer autant de rayons qu'il y a de points mathématiques dans les objets : l'action de ces rayons eſt de porter aux yeux les points de ces objets qui compoſent enſemble une Perſpective qui paroît ſe confondre dans l'œil, mais qui ſe développe à proportion qu'on s'en éloigne.

Si l'on ſuppoſe les rayons coupés par une glace, cette glace recevra autant de points qu'il y aura de rayons pour former un tout qui ſera plus ou moins grand, ſelon que la glace ſera plus ou moins près du ſpectateur, ce qui ſera démontré par la Fig. 1. Pl. 9.

DEFINITION

Des principaux Termes employés dans la Perspective.

Le Tableau F, (*Fig.* 1. *Pl.* 9.) eſt une ſurface plane qu'on ſuppoſe tranſparente, au travers de laquelle on apperçoit tous les objets.

La ligne AB ſe nomme baſe du tableau, ou ligne de terre qu'on ſuppoſe toujours être de niveau.

Le point D ſe nomme point de diſtance, parce qu'il déſigne la place occupée par le ſpectateur, pour appercevoir les objets.

Le point V ſe nomme point de vue, qui eſt dans l'horizon, pour marquer l'œil du ſpectateur ou l'endroit d'où la Perſpective doit être ſentie.

Dans ce cours de Perſpective, on ſe ſervira toujours des mêmes lettres pour déſigner les baſes des tableaux, les points de diſtances, & les points de vues.

OBSERVATIONS.

Il y a trois choſes à conſidérer, lorſqu'on ſe propoſe de mettre en Perſpective quelques objets.

La première, c'eſt la poſition de la glace.

La ſeconde, celle du point de diſtance.

La troiſième, celle du point de vue.

La glace doit toujours être entre l'objet & le ſpectateur, plus ou moins près de l'objet, ſelon que l'on jugera à propos de rendre l'objet plus ou moins grand, ce qui ſera démontré dans la Figure première.

Le point de diſtance doit être éloigné de la glace d'une fois ou une fois & demie la longueur de l'objet.

Le point de vue doit être placé perpendiculairement au-deſſus du point de diſtance. La hauteur de ce point eſt ſuſceptible de varier ſelon l'intention du deſſinateur, car il eſt clair que s'il veut appercevoir les objets à vue d'oiſeau, il ſera contraint d'élever le point de vue au-deſſus de ſon point naturel, c'eſt-à-dire de ſon œil; mais lorſque rien ne détermine la hauteur du point de vue, il ſera mieux placé au tiers de la hauteur de l'objet, qu'ailleurs.

PROPOSITION I. [Pl. 9. Fig. 1.]

L'OBJET de cette propoſition eſt de repréſenter dans les glaces F G H I K la ſurface a b c d, d'un cube mis en perſpective, & réduit dans les glaces, rélativement à leur éloignement.

Ces différentes poſitions des glaces démontrent ſenſiblement ce qui a été dit ci-devant, que plus la glace ſeroit près de l'objet, & plus l'objet paroîtroit grand, & que plus elle ſeroit éloignée, plus l'objet paroîtroit diminué, de manière qu'on peut conſidérer chacune de ces glaces comme une échelle de réduction perſpective, fixée ſelon l'exigence des cas : il faut obſerver que ces glaces n'ont été placées les unes devant les autres que pour rendre la démonſtration ſenſible, & ſous un ſeul point de vue; car on ſent bien qu'il ne ſeroit pas poſſible d'appercevoir les objets à travers toutes ces glaces placées de cette manière.

PROPOSITION II.

SOIT propoſé de repréſenter, ſelon les régles de la Perſpective, le plan géométral C L N P, vu de face.

On placera à volonté, au-deſſous du plan géométral, la ligne AB, considérée comme base de la glace; on portera ensuite la longueur C L, une fois & demie de M, (milieu du plan géométral prolongé vers D & vers V,) en D point de distance, de ce point D aux points C L N P, on tracera les rayons C D, L D, N D, P D, qui couperont la ligne de glace aux points 1, 2, 3, 4, lesquels détermineront la réduction des deux paralleles C L, P N, c'est-à-dire que la distance 1, 4, représente la longueur de la ligne P N, réduite, & la distance 2, 3, celle de la ligne C L également réduite, de manière qu'on connoîtra par cette première opération la réduction des deux côtés opposés du plan géométral, qui sont les deux largeurs du quarré réduites; il s'agit actuellement des deux côtés L N, C P, qu'il faut réduire de même pour avoir la profondeur perspective; pour la trouver, on tracera à volonté, au-dessus du plan géométral, la ligne H I, qui sera coupée au point x par la verticale D, V; ce point x sera considéré comme pieds du spectateur; au-dessus de ce point, on placera à volonté le point de vue V; ensuite on transportera la distance D, M, de x en y, sur le point y on élévera la perpendiculaire y, F, qui représentera le profil de la glace; on transportera également la distance D Z de x en Q, celle D R de x en O: la ligne Q O représente la coupe du plan géométral prise sur la ligne R Z, qui est égale à C P, & à L N, & doit donner la profondeur perspective du plan géométral C L, N P; pour s'en convaincre, du point V aux points Q O, on tracera les rayons V Q, V O, qui couperont la glace y F, aux points 5 & 6, lesquels déterminent la longueur perspective des côtés C P, L N du plan géométral.

Cette préparation étant faite, on élévera, sur la ligne de glace A B, des perpendiculaires aux points 1, 2, 3, 4, qu'on prolongera au-dessus de la ligne H I; ensuite des points 5 & 6, on menera des paralleles à la ligne H I, qui reconcreront les perpendiculaires 1, 2, 3, 4, aux points c, l, n, p.

Si l'opération a été faite jusques-là avec précision, on en verra la preuve par celle suivante.

Du point c au point V, on menera le rayon c V, qui doit passer par le point p, du point l au point V, celui l V qui doit passer par le point n ; si ces deux rayons ne passoient pas directement par les deux points p n, il y auroit erreur de main dans les premières opérations ; cela est incontestable, ainsi l'on peut dire que les deux derniers rayons servent de preuve à l'opération entière.

L'espace renfermé par les lignes c l, l n, n p, p c, est la représentation perspective du plan géométral C, L, N, P.

Proposition III. [Fig. 3.]

Soit proposé de représenter en perspective un cube vu de face.

Il faut tracer le plan géométral C, L, N, P, & la ligne de glace A B; ensuite placer le point de distance D, & mener les rayons CD, LD, ND, PD, qui donneront à leurs sections, sur la ligne de glace, les points 1, 2, 3, 4, desquels on élévera des perpendiculaires jusqu'au-dessus de la ligne H I; du point x, section de la ligne V D, sur la ligne H I, on transportera la distance D M, de x en y, on élévera à ce point la perpendiculaire ou ligne de glace y F, on portera la distance D Z de x en Q, & la distance D R de x en O; des points Q O, on élévera les perpendiculaires Q S, & O T, sur lesquelles on portera la hauteur géométrale du cube, ensuite des points Q O, on menera au point V les rayons Q V & O V, & des points T S, les rayons T V & S V, qui couperont la glace y F aux points 5, 6, 7, 8, & donneront la hauteur apparente & perspective des lignes Q S & O T.

Pour déterminer l'élévation perspective du cube, il faut établir les plans inférieur & supérieur c, l, n, p, en menant parallelement

à

à la ligne HI, les lignes 5 l, 6 n, 7 l, 8 n, qui couperont les perpendiculaires 1, 2, 3, 4, aux points cc, ll, nn, pp, & donneront en perspective les apparences supérieure & inférieure du plan géométral CLNP, après avoir tracé à ces points de sections des rayons au point de vue, les lignes cl, ll, lc, & cc, seront les côtés du quarré QSTO réduits en perspective, & le plan supérieur clnp, la face supérieure du cube géométral mis en perspective & apperçu de cette manière par le spectateur.

PROPOSITION IV. [Fig. 4.]

SOIT proposé de représenter en Perspective le plan géométral CLNP, vu de côté.

Il faut tracer le plan géométral CLNP, & la ligne de glace AB, sur laquelle on placera à volonté le point M qu'on éloignera plus ou moins du plan géométral, selon qu'on jugera à propos voir plus ou moins le côté LN, (*en observant cependant que le point de distance* D, *qui correspond au point* M, *soit placé de manière qu'il ne se trouve pas directement au point* d, *indiqué par le prolongement de la diagonale* PL *du quarré* CLNP, *parce que dans ce cas ce quarré seroit vu d'angle, ce qu'il faut éviter, parce que l'opération qui est rélative au quarré vu d'angle, n'est pas la même que pour celui vu de côté, ce qui sera démontré ci-après*:) de chacun des angles du plan géométral, on menera des rayons au point de distance qui donneront, sur la ligne de glace AB, les points 1, 2, 3, 4, sur lesquels on élévera des perpendiculaires jusqu'au-dessus de la ligne HI supposée; ensuite on prolongera les côtés CL, PN, jusqu'à la rencontre de la ligne VD; aux points ab, on placera la ligne HI, au-dessus du plan géométrale qui coupera la ligne VD au point x, on portera la distance DM de x en y, la distance Da de x en Q, celle d b de x en O, après avoir élevé la perpendiculaire ou ligne de glace y F, on menera des points Q O au point de vue les rayons Q V & O V, qui couperont la glace aux points 5, 6, desquels on menera des paralleles à la ligne H I, qui rencontreront les perpendiculaires 1, 2, 3, 4, aux points c l n p, ensuite on tracera les rayons l V, & c V, qui doivent passer par les points p n, & on aura le plan, perspective desirée.

PROPOSITION V. [Fig. 5.]

SOIT proposé de représenter en Perspective un cube vu de côté.

On opérera comme ci-devant pour avoir le plan perspective c l n p, ensuite aux points Q O, on élévera les perpendiculaires Q S, & O T, sur lesquelles on portera la hauteur géométrale du cube; des points T S, on menera au point V les rayons T V & S V, qui donneront, sur la ligne de glace y F, les points 7 & 8, desquels on menera des paralleles à la ligne H I, qui rencontreront les perpendiculaires 1, 2, 3, 4, aux points c, l, n, p, du plan supérieur, du point c au point V, on tracera le rayon c V, qui doit passer par le point p, du point l, le rayon l V, qui doit passer par le point n, on aura l'élévation, perspective du cube désirée.

PROPOSITION VI. [Fig. 6.]

SOIT proposé de représenter en Perspective le plan géométral C L N P, vu d'angle.

Ayant tracé le plan géométral C L N P, on menera la diagonale C N, qu'on prolongera au-dessus du plan vers V, & au-dessous vers D; on placera la ligne de glace A B, & le point de distance D; ensuite de chacun des angles du plan géométral, on menera des rayons au point D, qui couperont la glace A B aux points 1, 2, sur lesquels on élévera des perpendiculaires; on tracera la ligne H I; on portera la distance D M de x en y, la distance D C de x en Q; celle D T de x en S, & celle D N de x en O; après avoir placé le point de vue, on menera des rayons des points Q S O, au point de vue, qui couperont la glace aux points 5, 6, 7, au point V; on tracera la ligne F X parallele à la ligne H I, sur laquelle on portera de chaque côté du point de vue la distance D M, qui se trouvera d'un côté au point F : les points F X sont nommés points accidentels; des points Q S O, on menera des rayons au point V, qui couperont la glace aux points 5, 6, 7, desquels on menera des paralleles à la ligne H I, qui couperont les perpendiculaires 1, M, 2, aux points c l n p, du point c au point X, on menera le rayon c X, qui passera par le point l, du point p au point X, le rayon p X, qui passera par le point n, du point c au point F, le rayon c F, qui passera par le point p; du point l au point F, le rayon l F, qui passera par le point n; l'espace renfermé par ces lignes sera le plan perspective c l n p, vu d'angle.

PROPOSITION VII. [Fig. 7.]

SOIT proposé de représenter en Perspective un cube vu d'angle.

Après avoir mis en perspective le plan géométral C L N P, comme ci-devant, on portera la hauteur géométrale du cube sur les perpendiculaires Q a, S b, O d, ensuite des points a, b, d, on menera des rayons au point V, qui couperont la glace aux points 8, 9, 10; de chacun de ces points, on menera des paralleles à la ligne H I, qui rencontreront les perpendiculaires 1, M, 2, aux points c, l, n, p, du plan supérieur; du point c au point F on menera le rayon c F, qui passera par le point l, du point p au point F, celui p F, qui passera par le point n; du point c au point X, le rayon c X, qui passera par le point p, du point l au point X, celui l X, qui passera par le point n : on aura le plan supérieur du cube, & le cube proposé mis en perspective.

PROPOSITION VIII. [Fig. 8.]

Soit proposé de représenter un cube en Perspective, inscrit dans un quarré vu de face.

Il faut inscrire le cercle géométral dans un quarré parfait C L N P, tracer les diagonales C N, P L, qui couperont le cercle aux points a, b, d, e, par ces points on menera les côtés d'un second quarré inscrit dans le cercle qui déterminera quatre points sur sa circonférence ; on tracera les deux diamétrales u, r, prolongées vers V & D, & m q, qui en détermineront quatre autres, ce qui sera 8 points qui doivent servir dans le plan perspective, à tracer le cercle perspective à la main.

Pour y parvenir, on placera la ligne de glace A B, au-dessous du quarré C L N P, & le point de distance D, ainsi que le point de vue V, au-dessus de la ligne H I, ensuite de chaque angle du grand & du petit quarré, on menera des rayons au point D, qui couperont la glace aux points 1, 2, 3, 4, 5, 6; (*il y auroit deux points de plus sur la glace, si les angles* a & b *du petit quarré ne s'étoient pas trouvés directement au passage des rayons* N D & P D *du grand quarré.*) des points 1, 2, 3, 4, 5, 6, on élévera des perpendiculaires jusqu'au-dessus de la ligne H I, ensuite on portera la distance D M, de x en y, celle D u de x en Q, celle D y, de x en f, celle D T de x en S, celle D Z de x en g, celle D r de x en O; on élévera au point y la ligne de glace y F, & des points Q f, S g, O, au point de vue, on tracera les rayons Q V, f V, S V, g V, o V, qui couperont la glace aux points 5, 6, 7, 8, 9; de ces points, on tracera des paralleles à la ligne H I, qui couperont les perpendiculaires 1, 2, 3, M, 4, 5, 6, aux points c, l, n, p, a, b, d, e & t, enſuite du point de vue aux points c l du grand quarré, & a b du ſecond quarré, on tracera les rayons qui détermineront les deux quarrés réduits en perſpective & les diamétrales du cercle; cette opération étant faite, on tracera le cercle à la main, en obſervant qu'il paſſe par les 8 points r, d, q, b, u, a, m, e, on aura le cercle, perſpective déſirée.

PROPOSITION IX. [Fig. 9. Pl. 10.]

SOIT propoſé de repréſenter en perſpective un cylindre inſcrit dans un cube vu de face.

Il faut inſcrire le cercle dans un quarré parfait, comme ci-devant, tracer ſa circonférence perſpective pour avoir la baſe perſpective du cylindre, enſuite pour avoir l'élévation perſpective du cylindre, on élévera des perpendiculaires aux points Q, f, S, g, o, ſur leſquels on portera la hauteur du cylindre vu géométralement; ſur cette hauteur on tracera au point de vue les rayons correſpondans à ceux qui partent des points Q, f, S, g, o, de leurs ſections ſur la ligne de glace, on tracera des paralleles à la ligne H I, qui détermineront par leurs ſections ſur les perpendiculaires élevées ſur la ligne A B du plan géométral, les quarrés inſcrits & circonſcrits au cercle, dans leſquels on tracera un cercle qui ſera le plan ſupérieur du cylindre, & on aura le cylindre, perſpective déſirée.

PROPOSITION X. [Fig. 10.]

SOIT propoſé de repréſenter en perſpective un cercle inſcrit dans un quarré vu de côté.

Pour mettre en perſpective les quarrés inſcrits & circonſcrits au cercle, il faut faire la même opération pour les deux quarrés que ci-devant pour le quarré ſeul vu de côté, (*Fig.* 4. *Pl.* 9.) il n'y a de plus que les lignes d, e, du petit quarré, prolongées juſqu'à la ligne D V ; ainſi l'on peut dire que cette opération demande un peu plus d'attention, vû l'augmentation de rayons qu'il ne faut pas confondre ; mais qu'elle ne differe en rien au quarré ſeul vu de côté & mis en perſpective ; ayant donc tracé les deux quarrés perſpectives, par la même méthode on tracera le cercle perſpective qui doit, comme ci-devant, paſſer par 8 points, & on aura le cercle, perſpective déſirée.

PROPOSITION XI. [Fig. 11.]

SOIT propoſé de repréſenter en perſpective un cylindre inſcrit dans un cube vu de côté.

Après avoir fixé la hauteur géométrale du cylindre, on élévera un ſecond plan perſpective ſur le premier, comme on l'a fait ci-devant au cylindre inſcrit dans un quarré vu de face, & on aura le cylindre en perſpective & vu de côté.

PROPOSITION XII. [Fig. 12.]

SOIT propoſé de repréſenter en perſpective l'élévation d'une ſalle décorée de deux portes & ſix croiſées, pour faire ſentir l'effet que produiſent les épaiſſeurs des murs apperçues plus ou moins à travers les baies, ſelon que le ſpectateur eſt plus ou moins de côté.

Il n'y a pas plus de difficulté à mettre en perſpective une maiſon qu'un cube ; la ſeule différence conſiſte dans la diſtribution des portes & des croiſées qu'on perce dans les murs de face, & la corniche qu'on ajoute pour décorer la façade, ainſi que le comble qui couvre le bâtiment, de manière qu'ayanr placé le point de diſtance, & le point de vue, ainſi que la ligne de glace & la ligne H I, comme ci-devant, au quarré vu de face, ou de côté, ou d'angle; il ne s'agira que de tracer des rayons à tous les angles apperçus, tant ceux du bâtiment, que ceux qu'on apperçoit à travers les baies des portes & des croisées; ce qui donne sur la ligne de glace A B, toutes les largeurs & les épaisseurs réduites des murs apparens.

On fera ensuite une élévation géométrale C, dont on fixera la hauteur à volonté, ainsi que celle des portes & des croisées, relativement aux proportions indiquées ci-devant & à la planche 5, en supposant que la façade du bâtiment, qu'on veut mettre en perspective, soit assez intéressante pour observer tous ces détails qui exigent plus de soins; cette élévation étant déterminée, ainsi que la ligne de glace y F, du point de vue on tracera tous les rayons qui doivent réduire les hauteurs géométrales sur la ligne de glace, qu'on prolongera vers l'élévation perspective E, ainsi qu'on peut le voir, Figures C & E.

A l'égard de la hauteur des portes & des croisées, il faut la prolonger jusqu'à la perpendiculaire d, e, Fig. C. aux points a, b, desquels on tracera des rayons au point de vue qui détermineront leur hauteur perspective, & réduite; s'il y a des marches à l'entrée du bâtiment, il faudra placer leur hauteur sur la ligne d, e, & borner leurs saillies pour avoir leurs réductions sur la ligne de glace y F, après les avoir réduites sur la ligne de glace A B du plan géométral. Il seroit inutile d'entrer dans un plus long détail sur cette opération; car les rayons ponctués qui partent de tous les angles, indiqueront le reste.

CHAPITRE QUATRIÈME.

COURS DE PAYSAGE.

De la manière de composer le PAYSAGE, placer les points de vue & de distance, d'observer les effets d'ombre, de clairs obscurs & de teintes, pour faire paroître tous les objets ce qu'ils doivent être, relativement à la place qu'ils occupent sur le terrein.

AVANT de composer le Paysage, il est bon d'être prévenu des différentes études qu'on doit faire pour rendre avec art les accessoires qui sont indispensables à ce genre de dessein qui exige des terrasses de toutes sortes de formes, des arbres de différentes especes, & généralement tout ce qui représente la nature & ses variétés.

L'étude la plus pénible dans le Paysage est celle des arbres. Pour les bien imiter, il faut suivre le plus qu'il sera possible le jet des branches qui paroissent au travers des grouppes de feuilles, pour faire sentir la manière dont elles sortent les unes des autres; car quoiqu'on puisse se donner des licences dans cette distribution de branches, il faut néanmoins qu'il y ait de la vraisemblance, & observer que plus on apperçoit dans un arbre le tronc & la naissance des branches, & plus le Paysage est agréable & leger; il faut aussi faire jouer les feuilles sur les branches, de manière qu'elles paroissent suivre leur pente ou chûte, & faire attention que les branches diminuent à mesure qu'elles s'éloignent du tronc.

Il seroit avantageux de copier quelquefois les arbres d'après nature, sans s'y assujettir servilement, parce qu'il y a trop de détails qu'il seroit impossible de rendre exactement; il suffira d'en prendre l'esprit;

l'esprit; par cette étude on acquiert l'idée de l'espece, & l'art d'exprimer leurs formes qui sont variées à l'infini, parce que chaque espece d'arbre a une manière différente de jetter ses branches, & ses grouppes de feuilles ont une forme qui lui est particulière.

Pour bien exprimer ces différentes formes, il faut dessiner les arbres de loin, c'est-à-dire d'une distance suffisante pour qu'on ne puisse plus distinguer les feuilles; il n'y a que les dernières branches qu'on détaillera davantage parce qu'elles se détachent avec légéreté sur le ciel, on observera aussi que plus on découvre le ciel à travers les arbres & les objets, & plus le Paysage est léger.

Lorsqu'on dessine le Paysage d'après nature, ou qu'on le compose, il faut faire attention aux formes qui caractérisent les différentes especes d'arbres, de maisons, de rochers, de montagnes, de terrasses, &c. & aux effets d'ombres & de lumières que ces objets reçoivent; dans le premier cas, les ombres s'affoiblissent à mesure que les objets s'éloignent, & dans le second, il n'y a que les plus près du spectateur qui sont blancs, tous les autres augmentent en teintes, à mesure qu'ils s'éloignent, ce qu'il faut démontrer.

DES effets d'ombres, de clairs obscurs & de teintes que les objets reçoivent rélativement aux emplacemens qu'ils occupent sur le terrein.

TOUS les objets en général sont éclairés, lorsqu'ils se présentent directement au soleil; ils sont obscurcis, lorsqu'ils y sont opposés, ou que quelques corps saillans qui les dominent, les privent de clarté.

Pour placer les ombres sur les objets, & les détacher les uns des autres, il faut une combinaison progressive qui peut se faire avec une seule teinte qu'on posera plusieurs fois sur les corps saillans: (le plan A B, Figure 13, Planche 10) est composé de corps droits & circulaires, pour rendre cette combinaison plus sensible & prévenir sur les effets dans tous les cas.

Des Ombres vues géométralement.

Pour connoître ce qui doit être privé de lumière, il est à propos de fonder la regle générale sur un principe invariable, par lequel on puisse tracer les ombres sur les plans & sur les élévations tant géométrales qu'en perspective.

De la manière dont on doit tracer les Ombres sur les plans, les élévations géométrales & perspectives.

Pour éviter la contrariété qui arriveroit, s'il falloit, lorsqu'on veut ombrer quelques objets, se conformer aux mouvemens du soleil, on suppose le soleil à gauche & fixé à 45 degrés d'élévation entre la ligne horizontale & la méridienne, de manière que si l'on a une équerre Q, (*Fig.* 15.) dont l'arrête R S soit coupée à 45 degrés, cette équerre servira à tracer toutes les ombres, selon l'exigence des cas; on observera que l'arrête R S est la diagonale d'un quarré parfait, ce qui prouve que les ombres en général ont autant de hauteur que les corps qui les occasionnent ont de saillie; ainsi si l'on n'avoit pas l'équerre pour tracer les ombres, connoissant ce principe, il seroit facile de les tracer sans équerre. On verra ci-après sur les Figures 13 & 18, la manière de placer l'équerre pour tracer les ombres, tant sur les plans que sur les élévations.

Des Ombres & Clairs obſcurs, vus géométralement.

Soit le côté A Fig. 14. privé entièrement de lumière.

Pour faire ſentir les ſaillies des avant-corps, il faut faire une teinte d'encre de la Chine, qu'on poſera une fois à plat; (*lorſqu'on dit poſer une teinte à plat, c'eſt qu'il faut la poſer uniment par-tout, ſans aucun adouciſſement*,) ſur toute la partie ombrée, & conſéquemment ſut tous les corps ſaillans f, e, d, c, b, a, de l'élévation géométrale: lorſque cette première teinte ſera ſeche, il faut en remettre une ſeconde ſur le corps rond f, ſimplement dans la direction de g h, & d'environ le tiers de la largeur de la tourelle qu'il faut adoucir de part & d'autre pour la faire arrondir, ce qui la détachera en clair obſcur du corps ſaillante, qui eſt plus obſcurci. Enſuite on poſera cette même teinte ſur tous les autres corps ſaillans qui auront par ce moyen chacun deux teintes; mais il eſt bon d'obſerver que ſi l'avant-corps e, n'avoit que deux teintes, il ſeroit ſur le même plan que la partie ombrée de la tourelle, ce qui ne ſeroit pas exact, puiſque ce corps eſt bien plus avancé; ainſi il faut remettre une troiſième teinte par-tout, en y comprenant cet avant-corps e; enſuite on en mettra une quatrième par-tout, excepté les corps f, e; une cinquième par-tout, excepté les corps f, e, d; une ſixième ſur l'arrête i k de la tour creuſe, & d'environ un tiers de largeur qu'on adoucira vers d, pour la creuſer, on poſera cette ſixième teinte ſur les autres corps, excepté les corps f, e, d, c; enſuite on poſera une ſeptième & dernière teinte ſur le corps a; toutes ces teintes poſées de cette manière doivent néceſſairement détacher tous les corps ſaillans les uns des autres; ce n'eſt pas abſolument la gradation exacte, parce que pour qu'elle le ſoit, il faudroit que tous les corps ſaillans ne le ſoient pas plus les uns que les autres; mais comme il faudroit un trop long détail pour apprécier la force & la gradation des ombres rélativement aux différentes saillies des avant-corps, ou aux différens emplacemens occupés par les objets sur le terrein. On pourra d'après les principes qu'on vient d'établir juger à peu près de leurs effets, & les faire sentir par approximation; car cette étude, régulièrement suivie, seroit un assujettissement sans bornes, qui, à force de combinaisons, deviendroit l'étude la plus pénible du Paysage, dont les effets peuvent être variés à l'infini.

Des Teintes.

Soit le côté B, Fig. 14. vu géométralement & entièrement éclairé.

Si cette partie éclairée restoit blanche dans toute son étendue, elle paroîtroit aux yeux ne former qu'un plan établi sur une seule ligne droite; ainsi pour détacher les arriere-corps des avant-corps, il faut les éteindre à mesure qu'ils s'éloignent, & progressivement comme on a fait ci-devant du côté des ombres, en observant que cette progression de teintes produise un effet contraire; pour cet effet, il faut faire une teinte très-pâle qu'on posera sur les corps m, l, k, i, h, g, celui c, étant le premier, doit rester blanc. On posera ensuite une seconde fois cette même teinte sur tous les corps, excepté celui g; une troisième fois sur ces corps, excepté ceux g, h, en observant que sur la tour creuse, on ne la posera pas dans toute sa largeur; on la posera simplement sur un tiers de sa largeur vers 4, qu'on adoucira vers 2; pour la faire creuser, on posera cette teinte une quatrième fois sur les corps, excepté ceux g, h, i; une cinquième fois, excepté ceux g, h, i, k; une sixième fois, excepté ceux g, h, i, k, l, une septième & dernière teinte sur le dernier corps m, lequel est susceptible d'une petite ombre de même force que son opposé f, lequel sera posé sur la direction n, o, & adoucie de part & d'autre, de manière qu'il y ait un petit clair obscur entre cette ombre & le corps saillant l.

MANIERE d'ombrer & de détacher les mêmes objets mis en perspective, & faire sentir les corps fuyans qui ne sont pas apperçus sur l'élévation géométrale.

SOIT le côté A du plan géométral, Fig. 13, mis en élévation perspective, Fig. 16, & totalement privée de lumière.

Pour l'ombrer, il faut faire une teinte qu'on posera à plat sur les corps f, 2, e, 3, d, 4, c, b, 5, a, 6 : cette teinte générale étant posée, on en posera une seconde dans le milieu de la tourelle f, qu'on adoucira de part & d'autre pour la faire arrondir, & la même teinte sur les arrêtes 7, 8, du corps 2, 9, 10, du corps 3, 11, 12, du corps 4, 13, 14, du corps c, 15, 16, du corps 5, & 17, 18, du corps 6, environ du tiers de leur largeur, qu'on adoucira, le premier corps 2, vers f, le second 3, vers e, le troisième 4, vers d, le quatrième 5, vers b, le cinquième 6, vers a; ensuite on posera cette même teinte à plat sur tous les corps, excepté la tourelle f, on continuera de suite à poser la même teinte adoucie sur les corps fuyans 3, 4, 5, 6, & à plat sur tous les corps, excepté ceux f, 2, e, & ainsi de suite jusques & compris le dernier corps 6, qui doit être le plus fort : par ce moyen on aura l'effet général du tout ensemble, & les effets particuliers de tous les corps droits, fuyans & circulaires, en observant de commencer par une teinte légere, pour éviter que le dernier corps 6, qui est le plus près du spectateur, devienne trop noir.

Voilà la conduite qu'on pourroit tenir strictement, rélativement aux effets des ombres ; mais l'expérience donnera la facilité de juger des effets au premier coup d'œil, sans être obligé de les chercher avec cette précision qui deviendroit vétilleuse ; ce n'est pas que cette manière d'ombrer ne puisse être suivie, lorsque tous les corps se lient ensemble ; mais lorsqu'ils seroient isolés, ils exigeroient des recherches à l'infini ; ainsi il suffira d'apprécier les effets d'ombres & de teintes, à peu près ce qu'ils doivent être par rapport à la position des objets.

MANIERE de détacher par des teintes les mêmes objets mis en perspective, & entièrement éclairés, pour faire sentir les corps fuyant, les corps droits & les circulaires. [Fig. 17.]

SOIT le côté B, Figure 13, entièrement éclairé & représenté en élévation perspective, [*Fig.* 17.]

Pour détacher les différens corps les uns des autres dans le clair, il faut faire une teinte très-pâle, & la poser à plat sur les corps 1, g, 2, h, i, 3, k, 4, l, 5, m : ensuite poser une seconde fois la même teinte sur les arrêtes 6, 7 ; 8, 9 ; 10, 11 ; 12, 13 ; 14, 15 ; 16, 17 ; & 18, 19 ; environ au tiers de chacun des corps fuyants, adoucis tous vers le premier corps C, & à plat sur tous les corps, excepté celui 1 ; il faut poser cette même teinte sur les arrêtes 8, 9 ; 10, 11, &c. les adoucir toujours du même côté & à plat sur tous les autres corps, excepté les corps 1, g, 2 ; ainsi de suite & de la même manière jusqu'au dernier corps rond m ; on se servira ensuite d'une teinte un peu plus forte pour ombrer le côté 16, 17, de la tourelle, en observant un petit clair obscur près l'arrête 16, 17, & tout sera dit ; on jugera à peu près des effets naturels, lorsque les objets seront isolés.

Des Ombres portées sur les Moulures des Corniches.

Soit proposé d'ombrer la corniche (*Fig.* 18. *Pl.* 11.) aux endroits privés de lumière, en conservant toujours la forme de chacune des moulures dont elle est composée qui doivent se détacher les unes des autres.

Il faut faire une teinte, la poser une fois à plat sur tout ce qui est privé de lumière; ensuite on posera cette teinte une seconde fois sur le nud du mur I, en observant un petit clair obscur sous le cavet H, qui est occasionné par le reflet du pavé, qui renvoye une partie de la grande clarté qu'il reçoit du soleil sous les corps saillans & sur les arrêtes 1, 2, 3, 4, 5, 6, adoucies, ainsi qu'on peut le voir sur cette Figure: on posera ensuite cette même teinte à plat une seconde fois sur les moulures H, G, f, d, c, b, & une troisième fois à plat sur le filet G, & sur les arrêtes 2, 3, 4, 5, 6, pour être adoucies comme ci-devant, & ensuite à plat sur les moulures f, d, c, b, ainsi de suite, excepté les moulures H, G, F, qui font tout l'effet qu'on peut desirer par rapport à leurs saillies & à leur forme.

Lorsque ces sortes de corniches servent à couronner quelques bâtimens qui sont partie d'un Paysage, & qui ne sont pas assez en grand pour qu'on puisse les détailler avec la même précision; on cherche seulement à leur donner l'esprit, d'après l'étude en grand qu'on vient de faire, & après s'être familiarisé avec les effets, qu'on peut faire valoir dans tous les cas.

DE LA COMPOSITION DU PAYSAGE.

LORSQU'ON sçait la Perspective, rien n'est si facile que la composition du Paysage, parce qu'il n'est composé que d'objets élévés sur des plans quarrés ou circulaires, qui peuvent être vus de face, de côté, ou d'angle, de manière qu'on peut considérer le Paysage en général comme un composé d'objets semblables à ceux qui sont désignés dans le cours de Perspective, rassemblés pour former une vue intéressante.

A l'égard des accessoires, comme arbres, terrasses, rivières, ruisseaux, fontaines, montagnes, on peut les placer à volonté, parce que ce n'est qu'une affaire de goût qui peut neanmoins se trouver dans la nature, de laquelle il ne faut jamais s'écarter.

PROPOSITION PREMIERE. [Pl. 11. Fig. 19.]

SOIT proposé de représenter en Perspective une maison seule, vue d'angle, avec un mur de clôture qui renferme un espace de terrein dépendant de la maison.

Il faut disposer à volonté le plan CLNP, & son opposé, (*Fig.* 21.) qui lui est semblable, vu d'angle; ensuite placer les points de distance D, les lignes de glace AB, & tracer les rayons ED, PD, HD, (*qui est le milieu de* PC, *& doit donner sur l'élévation perspective le milieu du pignon où doit se trouver la souche de cheminée*) & le rayon LD, comme au quarré vu d'angle, (*Fig. 6. Pl. 9.*) Cette opération étant faite, il faut dessiner une élévation géométrale,

géométrale, (*Fig.* 20.) au-dessous du plan, à laquelle on donnera la hauteur qu'on jugera à propos; ensuite sur la ligne de glace A B, on élévera sur les points 1, 2, 3, 4, des perpendiculaires jusqu'au-dessus de la ligne H I, qui donneront toutes les largeurs réduites; à l'égard des hauteurs, on transportera la distance D M, de x en y & en z, pour avoir la ligne de glace y F, & les points accidentels F, X, qui sont sur la direction du point de vue V, placé à volonté, ensuite la distance D C, de x en o, celle D I de x en S, celle D T de x en a.

Sur la perpendiculaire O, on transportera la hauteur E F de l'élévation géométrale, (*Fig.* 20.) sur celle S, la hauteur A B, sommet du pignon, sur celle a, la hauteur C D du mur de clôture, de ces points au point de vue, on tracera des rayons qui couperont la ligne de glace y F aux points 1, 2, 3, 4; de ces points on ménera des paralleles à la ligne H I, la première, jusqu'à la rencontre de la perpendiculaire M x; la seconde, jusqu'à la rencontre de la perpendiculaire élevée sur la ligne de glace au point 1; la troisième, jusqu'à la rencontre de la perpendiculaire élevée sur la ligne de glace A B, au point M, & la quatrième, jusqu'à la rencontre de la perpendiculaire élevée sur la ligne de glace au point 3: toutes ces opérations étant faites, il sera facile de dessiner l'ensemble de la maison perspective par le secours des points accidentels X F.

Lorsqu'on desire que les côtés fuyans soient moins inclinés, il faut éloigner davantage le point de distance D, & conséquemment les points accidentels F X, qui lui correspondent au transport; ce qu'on a observé, (*Fig.* 21.)

On croit cette instruction suffisante pour servir de guide à toutes les opérations suivantes qui sont tracées de manière à ne laisser aucun doute sur ce qu'il convient de faire selon les différentes positions des objets sur le terrein ou sur le plan projetté ; leur décoration est désignée par des élévations géométrales ; on aura soin cependant, lorsqu'il se rencontrera quelques cas particuliers de faire des observations qui leur soient relatives.

PROPOSITION II. [Pl. 12.]

SOIT proposé de représenter en perspective une maison vue d'angle, avec un mur de clôture & une tourelle à l'un des angles de ce mur, (*Fig.* 22.)

Il faut disposer à volonté le plan général, en observant qu'il se présente d'angle au spectateur ; ensuite placer le point de distance D, la ligne de glace A B, & tracer tous les rayons qui partent de chaque angle du plan.

On fera au-dessous de ce plan une élévation géométrale, (*Fig.* 23.) qu'on décorera à volonté.

On élévera aux points où les rayons passent sur la ligne de glace, les perpendiculaires qui doivent déterminer les largeurs réduites de l'élévation perspective ; à l'égard des hauteurs, on transportera la distance D M de x en y, & de x en Z, pour avoir la ligne de glace y F, & les points accidentels F X, qui doivent être sur la direction du point de vue V, placé à volonté, ensuite la distance D N, de x en a ; celle D O, de x en b ; à ces points on élévera des perpendiculaires ; sur celle X V, on portera la hauteur géométrale du mur de clôture 1, 2, qui ne peut être réduite, parce que sur cette Figure la ligne de glace A B rase l'angle M du mur ; sur celle a, on portera la hauteur 3, 4, de la maison vue géométralement, sur celle b, la hauteur 5, 6, qui fixe celle du comble ; à ces hauteurs on tracera des rayons au point de vue, jusqu'à la ligne de glace y F ; de ces points sur la ligne de glace, on tracera des paralleles à la ligne z g, qui donneront les hauteurs réduites de la maiſon miſe en perſpective.

A l'égard de la tourelle, elle ſera conſidérée ſur les Figures 22 & 24 comme le cylindre vu de côté, (*Pl.* 10. *Fig.* 11.) dont l'opération eſt la même.

La Figure 25 repréſente celle 24, miſe également en perſpective & ſéparément pour pouvoir l'ombrer librement & y ajouter des arbres, des terraſſes, pour montrer que les acceſſoires ſont arbitraires & faciles, lorſque les objets principaux ſont déterminés.

PROPOSITION III. (Pl. 13.)

SOIT propoſé de repréſenter en perſpective une Egliſe, & pluſieurs maiſons qui l'environnent, le tout vu de côté.

Il faut diſpoſer à volonté le plan général, (*Fig.* 25.) enſuite placer le point de diſtance D, la ligne de glace A B, & tracer tous les rayons qui partent de chaque angle des objets ſéparés dans le plan général & compoſé.

On fera au-deſſous de ce plan les élévations géométrales de ces objets.

On élévera ſur la ligne de glace A B, aux points où les rayons paſſent, les perpendiculaires qui doivent déterminer les largeurs réduites des élévations perſpective; pour les hauteurs on tranſportera lá diſtance D A de x en y; on pourroit être inquiet de ce tranſport ſur une autre ligne; mais on prévient que pour n'être jamais embarraſſé, il faut apprendre à ſurmonter les difficultés; ainſi lorſqu'on a commencé ſon opération, & qu'on s'apperçoit trop tard qu'on n'a pas aſſez de place pour la finir, on s'y prend de la manière ſuivante pour la continuer.

On trace ſéparément une ligne H I, (*Fig.* 26.) qui doit être confidérée comme tenant à celle H I, (*Fig.* 28.) fur laquelle le tranfport des hauteurs géométrales doit fe faire, ce qui revient au même, parce qu'au lieu de tranfporter toutes les diftances du point H, (*Fig.* 28.) qui devroit être le point x, on les tranfportera fur la ligne H I, (*Fig.* 26.) ainfi que le point de vue qu'on place à la même hauteur que celui de la Figure 28; il ne s'agira enfuite que de prendre avec un compas fur la ligne de glace y F, (*Fig.* 26.) les hauteurs réduites qu'on portera à mefure fur l'élévation perfpective de chacun des objets; il eft vrai qu'on eft un peu plus de tems, mais on en perd moins que fi l'on étoit obligé de recommencer le tout, lorfqu'on s'apperçoit qu'on n'a pas affez de place pour finir dans le même ordre où l'on a procédé jufqu'alors.

On obfervera qu'il n'y a pas plus de difficulté à mettre en perfpective plufieurs objets vus de côté, que le cube vu de même, (*Fig.* 5. *Pl.* 9.) fi on en excepte la multiplicité des rayons, tant aux plans qu'aux élévations qui embarraffent un peu, lorfqu'il s'agit de les reconnoître; mais pour éviter la confufion, on peut tracer les plans & les élévations à l'encre, & les rayons au crayon, à chaque objet particulièrement, & après avoir mis en perfpective le premier, on effacera avec de la mie de pain les rayons, & on tracera ceux du fecond objet, ainfi de fuite.

Les différentes opérations qui font tracées fur les Figures, indiqueront ce qu'on doit obferver lorfqu'on compofe le Payfage.

Il faut remarquer auffi que les toits des maifons font fuyans, c'eft-à-dire inclinés, & que leurs faîtes ne font pas de niveau avec les murs de face; ainfi pour avoir leur véritable pente fur les élévations perfpectives, il faut prolonger le point G, (*Fig.* 26.) & la ligne k, vers a & vers b, prendre enfuite la diftance D a, & D b, qu'on tranfportera de x en c & en d, fur la perpendiculaire c; on portera les hauteurs 2, 3, (*Fig.* 27.) ſur celle d, la hauteur du comble 4, 5, on aura par ce moyen ſur la ligne de glace y F, les hauteurs réduites de la maiſon & du comble; il en ſera de même pour toutes les autres, en traçant chaque opération l'une après l'autre au crayon, & les effacer à meſure pour en tracer d'autres, & éviter qu'elles ſe confondent; ce qui arriveroit ſouvent ſans cette précaution.

PROPOSITION IV.

SOIT propoſé de repréſenter en perſpective un Château vu de côté, & décoré de deux pavillons quarrés & de deux tourelles.

On fera comme ci-devant le plan géométral, (*Fig.* 29.) l'élévation géométrale, (*Fig.* 30.) & l'élévation perſpective, (*Fig.* 31.)

On poura dans tous les cas diſpoſer le plan géométral d'un Payſage à volonté, tel compliqué qu'il puiſſe être, & le mettre en perſpective par les regles indiquées précédemment, ſoit vu de face, de côté ou d'angle, en obſervant cependant que toutes les fois qu'on voudra appercevoir les objets qui pourroient être cachés par ceux qui ſont ſur le devant, il faudra les élever davantage: ſi l'on ne prenoit cette précaution, on ne verroit qu'une partie du Payſage qu'on ſe propoſoit de voir entièrement, en compoſant le plan général, ce qui eſt ſenſible.

A l'égard des ruines, rien n'eſt ſi facile que de ſuppoſer la deſtruction des objets, il convient de les deſſiner d'abord dans leur état naturel en crayon, & les briſer à ſon gré, avant de les deſſiner à l'encre.

On peut dans le Payſage couvrir de chaume certaines maiſons, pour donner plus de reliefs à celles qui doivent avoir plus d'apparence, ou enfin pour éviter cette monotonie qui rendroit le Payſage froid & peu intéreſſant.

PROPOSITION V. [Pl. 14.]

SOIT proposé de représenter en perspective un plan de Fortification, avec son élévation perspective.

Après avoir tracé le plan géométral, (*Fig.* 1.) on placera au-dessous la ligne de glace A B, & le point de distance D; de chaque angle du plan on ménera des rayons au point D, jusqu'à la rencontre de la ligne de glace, sur laquelle on élévera à chacun de ces points des perpendiculaires jusqu'au-dessus de la ligne H I, sur laquelle on tracera le profil de la Fortification, (*Fig.* 2.) qu'on suppose coupé par la ligne V D; de chaque point du profil, on ménera des rayons au point de vue qui couperont la glace y F aux points 4, 5, 6, 7, 8, &c. De ces points on ménera des paralleles à la ligne H I, qui étant prolongée jusqu'à la ligne V D, donneront sur cette ligne l'élévation géométrale du profil réduit, & l'élévation perspective, (*Fig.* 3.) mais comme tous les corps qui composent l'ensemble d'une Fortification sont différemment inclinés, il faudra faire le profil de chacun en particulier, à mesure qu'on fera l'élévation perspective, par exemple, pour faire l'élévation du bastion a, b, c, (*Fig.* 3.) on procédera de la manière suivante.

Des points L N P du plan géométral, (*Fig.* 1.) on ménera des rayons au point de distance, qui couperont la glace aux points 1, 2, 3; sur ces points on élévera des perpendiculaires; ensuite des points L N P, on ménera les lignes L d, N e, P f; paralleles à la ligne H I, on transportera la distance M f de y en O, la distance M e de y en Q, celle M b, de Y en R; des points O Q R, on élévera des perpendiculaires à la ligne H I, sur lesquelles on portera la hauteur géométrale du bastion r, s, t; des points O, Q, R & r, s, t, on ménera des rayons au point de vue qui couperont la glace y F aux points 5, 6, 8; de ces points on ménera des paralleles à la ligne HI, qui couperont les perpendiculaires 1, 2, 3, aux points c, b, a, & donneront l'apparence en perspective de la moitié du bastion a, b, c: on fera les mêmes opérations pour les demi-lunes, le terplein, le glacis; & de cette manière on parviendra à mettre en perspective tous les objets qui ont rapport à la Fortification.

PREMIERE OBSERVATION.

SUR la distance des objets, (Pl. 14. Figures 4 & 5.) *prise avec le Graphomètre sur le terrein.* (Fig. 6.)

IL faut choisir un endroit où l'on puisse être libre de parcourir deux points A & B, (*Fig. 6.*) pris à volonté en observant de les disposer de manière que la ligne de base tirée du point A au point B, soit le plus qu'il sera possible parallele à la distance CD, (*Fig.* 4 & 5.) qu'on veut mesurer, afin d'éviter les angles trop aigus ou obtus; car on ne peut guères compter sur la justesse d'une opération, lorsqu'on s'est servi d'angles au-dessous de 15 degrés ou au-dessus de 130; il en seroit de même si la base AB n'avoit pas au moins la neuvième ou la dixième partie de la distance qu'on veut mesurer; on observera aussi que les deux extrêmités A & B de la base soient disposées de manière qu'on puisse aller directement de l'une à l'autre, & appercevoir les points C & D de la distance qu'on veut connoître; cette base étant assurée, il faut faire planter un piquet ou jalon à l'une des deux extrêmités de la base comme au point A, & placer à celui B, un graphomètre dont on dirigera le diamètre vers le piquet A, & la régle mobile, premièrement vers le point D, afin de connoître la valeur de l'angle D, A, B, c'est-à-dire le nombre de degrés qui en désignent l'ouverture, qui est ici de 122 degrés, secondement vers le point

C, pour avoir celle de l'angle C, A, B, qui eſt de 48 degrés; enſuite on tranſportera le graphomètre au point A, & en y allant, on aura ſoin de meſurer la diſtance A B, pour connoître l'étendue de la baſe qui doit ſervir d'échelle, elle eſt ſur cette opération de 80 toiſes, étant arrivé & le graphomètre placé au point A, on dirigera le diamètre de l'inſtrument vers le point B; on tournera enſuite la régle mobile: premièrement vers le point C, pour connoître la valeur de l'angle C, B, A, qui eſt de 123 degrés; ſecondement vers le point D, pour avoir celle de l'angle D, B, A, de 50 degrés.

Toutes ces opérations étant faites ſur le terrein, on les rapporte ſur le papier, moyennant une échelle qui ſert de baſe, & qui eſt proportionnée à la grandeur du papier, & d'un nombre de toiſes ou pieds ſemblables à celui contenu dans la longueur de la baſe priſe ſur le terrein, enſuite avec un rapporteur de cuivre ou de corne; on répete les mêmes ouvertures d'angles; on tire des lignes prolongées B A, A D, & B C, A C, juſqu'à ce qu'elles ſe rencontrent, & à l'endroit où elles ſe croiſent, comme en C & en D, on tire une ligne droite C D, qui étant meſurée, donnera la diſtance d'un objet à l'autre.

DEUXIÈME OBSERVATION.

POUR connoître la hauteur d'un objet acceſſible ſeulement par ſon pied. [Fig. 8.]

ON prendra un point B, ſur le terrein du pied de la tour à une diſtance à peu près égale à ſa hauteur; à ce point on poſera le graphomètre de manière que ſa circonférence ſoit perpendiculaire au terrein, pour cela il faut mettre ſon diamètre dans une ſituation parallele au terrein; on y parviendra en ſe ſervant d'un petit plomb attaché

attaché à l'extrêmité d'un fil de soie, on place ce fil au point de 90 degrés de la demi-circonférence de l'instrument, & on éleve le diamêtre d'un côté ou de l'autre jusqu'à ce que le fil passe par le centre du demi-cercle, alors le diamètre sera dans la situation convenable pour cette opération.

L'instrument étant ainsi disposé, on mesurera l'angle E D C, en faisant mouvoir doucement l'allidade, jusqu'à ce qu'en bornoyant les pinules, on apperçoive l'extrêmité C de la hauteur A C, qu'on veut mesurer; l'arc a b de l'instrument, qui est ici de 39 degrés, sera la valeur de l'angle E D C; voilà donc un angle de connu dans le triangle D E C; mais l'angle E D C, ou son égal B A C, est aussi connu, puisque A C est supposé perpendiculaire au terrein; ainsi mesurant la base B A, à laquelle D E est égale, à cause des deux perpendiculaires B E, & A C, on connoîtra les trois choses qui déterminent le triangle D E C, ensorte qu'en le construisant sur le papier avec l'échelle, on parviendra à la connoissance de D C, & ajoutant à cette ligne la hauteur B E, de l'instrument qui est égale à A D, on aura la hauteur A C desirée.

Après avoir établi des principes sur la *Géométrie Pratique*, l'*Architecture Militaire*, la *Perspective*, & le *Paysage*, on a cru devoir procurer des moyens faciles pour dessiner le Paysage d'après nature, en donnant la description d'un chassis à carreaux pour réduire sur le lieu même un Paysage; (*ce chassis est de l'invention de l'Auteur*;) il est élevé sur un pied & placé au-dessus d'une espece de pupître qui sert à contenir une planche sur laquelle on aura collé une feuille de papier sur les bords, ce qui la rendra lisse & tendue, & tracé les carreaux de réduction à volonté.

On donne aussi la description d'une chambre obscure, avec laquelle on peut en très-peu de temps dessiner le Paysage d'après nature.

Deſcription du Chaſſis à Carreaux.

Ce Chaſſis E, (*Fig.* 10. *Pl.* 14.) eſt diviſé par carreaux par le moyen d'une ſoie noire ou brune, un peu forte qu'on paſſe par des trous percés à égales diſtances autour du chaſſis & à ſon épaiſſeur ; ces carreaux doivent former des quarrés parfaits qui peuvent avoir pour côté 4 lignes, parce qu'étant de cette grandeur, on a plus de facilité à reconnoître la proportion des objets & leur détail, que s'ils étoient plus grands : ſur ce chaſſis eſt poſé un entonnoir de fer blanc ou de carton bien joint, ayant la forme d'une pyramide quadrangulaire D, (*Fig.* 8.) Au ſommet de cet entonnoir pyramidale, on y obſerve une petite ouverture par laquelle on puiſſe découvrir tous les carreaux du chaſſis, & les objets qu'on a deſſein d'imiter & de réduire.

Au-deſſous de ce chaſſis eſt placé une planche C, fort mince, qui doit être incliné, ainſi qu'on peut le remarquer, (*Fig.* 9.) & ſur laquelle on a collé une feuille de papier, ou de l'aſſujettir ſeulement aux quatre coins avec de la colle à bouche ou de la cire d'Eſpagne ; à chaque côté de cette planche, on paſſe une ficelle arrangée de manière que l'on puiſſe placer une planche légère F, (*Fig.* 8.) pour poſer ſes uſtenſiles, comme crayons, régles, plumes, encre de la Chine, petits pots, pinceaux, &c. afin de ſe procurer ſur le lieu même la facilité de rendre l'enſemble & les effets d'un Payſage.

On obſervera que ce chaſſis doit être fixé par des charnières, afin de le baiſſer à volonté, ainſi qu'on peut le remarquer, (*Fig.* 9.) en G ; le tout eſt élevé ſur un pied de graphomètre, qui ſert dans l'occaſion à porter le graphomètre : ſi l'on vouloit faire quelques opérations dans le même moment, on peut ſe ſervir d'un tabouret ou d'un pliant pour s'aſſeoir, qui eſt plus portatif.

Ce chassis est vu de face, (*Fig.* 10.) de profil, (*Fig.* 9.) & du côté de son entonnoir, (*Fig.* 8.) avec une échelle de pieds au-dessous; on a dessiné séparément & plus en grand le plan du chassis avec l'entonnoir cloué à petits clous tout autour, & son élévation; cet entonnoir doit être peint en noir au-dedans, s'il est de fer blanc, ou collé en papier noir, s'il est de carton, ce qui sert à détacher les carreaux, & les objets qui deviennent plus sensibles: toutes ces Figures & leur échelle qui est au bas, suffisent pour donner l'idée de la construction de cette machine & de son utilité.

Lorsqu'on s'en servira, il faudra commencer par fixer un objet quelconque du Paysage qu'on veut réduire, & le placer tout de suite sur sa feuille de papier, parce que cet objet étant ainsi établi, on s'en servira pour diriger son rayon visuel, & le replacer toujours dans une même position, après avoir quitté l'ouverture observée au sommet de l'entonnoir pour dessiner ce qu'on a remarqué du Paysage; sans cette précaution, on courroit les risques de ne pas retrouver sa première position, ce qui produiroit une confusion irrégulière dans l'imitation, & conséquemment à l'ensemble du Paysage qui ne seroit plus dans sa proportion naturelle.

Observation sur la Chambre obscure.

Rien n'est si facile, par le moyen d'un verre convexe, que de représenter au naturel dans un lieu obscur les objets qui sont au dehors.

On nomme Chambre obscure tout lieu privé de lumière, dans lequel on représente sur une feuille de papier ou autre surface blanche, les objets de dehors qui sont exposés au grand jour.

Description de la Chambre obscure portative, très-connue des Artistes & des Amateurs.

Elle est composée d'une caisse de bois, d'un pied & demi de large & de deux pieds quatre pouces de long & deux pieds de haut : on observe que le derrière de cette boîte soit en pente, que le devant ne soit fermé que par un rideau de bonne étoffe noire, pour que la lumière ne pénetre pas dans l'intérieur ; pour attacher commodément ce rideau, il faut ajouter sur le devant de la boîte une planche coupée en demi-cercle, dont le rayon peut être d'un pied, & le diamètre attaché par des charnières à la planche qui forme le dessus ; on ajuste ensuite le rideau autour de ce demi-cercle.

On fait dans le dessus de la boîte un peu sur le derrière une ouverture dans laquelle on place un tuyau de lunette, garni dans le haut d'un verre convexe des deux côtés & qui fasse partie d'une grande sphere, tels que les verres de lunettes propres aux vieillards.

On fixe à chaque côté de cette ouverture sur le dessus de la boîte deux montants pour soutenir un petit miroir qui y doit être suspendu par deux pivots, pour pouvoir lui donner tel degré d'inclinaisons qu'on veut.

Cette machine, construite de cette manière, doit être placée sur une table de façon que celui qui veut dessiner tourne le dos aux objets qu'il veut représenter : on mettra sur le fond de la boîte qui peut être couverte d'un tapis de cuir ou autre, sur lequel on met une feuille de papier blanc, directement sous le tuyau, qu'on élévera ou descendra jusqu'à ce que les objets paroissent bien nettement sur le papier.

Pour faire passer la représentation de ces objets par le verre convexe du tuyau, on donnera au miroir l'inclinaison convenable, par le moyen d'une ficelle attachée dans le haut de ſon quadre, qui, paſſant par une petite ouverture faite au haut de la boîte, peut être tirée plus ou moins par celui qui a la tête dans la boîte; quand le miroir ſera à ſon gré, il attachera la ficelle à un petit clou à crochet fiché à un des côtés de la boîte.

Lorſque les objets ſe repréſenteront diſtinctement ſur le papier, il n'y aura qu'à ſuivre tous les traits avec un crayon ou une plume.

Si l'on vouloit deſſiner d'après l'eſtampe, il faudroit la placer vis-à-vis le devant du miroir, de façon qu'elle ſoit expoſée au grand jour ou à la lumière.

On peut par le même moyen deſſiner les portraits d'après nature mais en petit.

On peut donner au verre convexe la même ouverture qu'on donneroit à une lunette d'approche dont ce verre ſeroit l'objectif.

Il faut diminuer cette ouverture quand les objets ſont fort éclairés, & l'augmenter quand ils ſont expoſés à un jour plus foible.

Les traits paroiſſent mieux marqués avec une petite ouverture qu'avec une grande, en obſervant toutefois de ne pas trop exténuer la lumière qui n'entre que par là dans la machine. Il ſuit de toutes ces remarques qu'il ſeroit néceſſaire d'avoir pluſieurs pieces de fer blanc ou de cuivre mince qui ſoient rondes, de la grandeur du verre & percées différemment, afin de pouvoir donner au verre l'ouverture dont on auroit beſoin, ou faire différentes ouvertures dans une lame de cuivre qu'on feroit gliſſer ſur le verre, &c.

Pour rendre cette machine portative, il faut lui donner la forme d'un livre & attacher les côtés les uns aux autres par des charnières & des crochets, afin de les pouvoir coucher les uns ſur les autres & les plier.

FIN.

DICTIONNAIRE
DES TERMES
DE L'ARCHITECTURE.

A

Acanthe, plante qui pouſſe des feuilles larges & hautes, dont la partie ſupérieure ſe recourbe naturellement : du ſein de ces feuilles naiſſent de petites tiges qui ſe plient en divers enroulemens & ſe replient en petites volutes ſous les 4 coins & les 4 milieux du tailloir du chapiteau Corinthien ; on les nomme caulicoles ou tigettes.

Arcade, c'eſt un arc de voûte qui porte ſur deux pieds droits, & dont on ſe ſert communément pour ſoutenir l'entablement dans l'entre-deux des colonnes. (*Voyez Fig.* 3 & 4. *Pl.* 2.)

Architrave, eſt la première piece de l'entablement qui repréſente une poutre couchée de toute ſa longueur ſur les chapiteaux des colonnes.

Archivolte, c'eſt une bande large qui fait ſaillie ſur le nud du mur qui ſuit le ceintre d'une arcade, & qui va d'une impoſte à l'autre ; les Archivoltes ſont ornés aſſez ordinairement des mêmes moulures que l'architrave, & reſſemblent par conſéquent à une architrave ceintrée. (*Voyez Pl.* 2. *Fig.* 3 & 4. & *Pl.* 3. *Fig.* 4.)

Astragale, eſt une petite moulure ronde en forme de baguette dont on fait grand uſage en Architecture ; c'eſt par cette moulure que toutes les colonnes ſont terminées ; elle fait la liaiſon de la colonne avec le chapiteau.

Axe de la colonne, eſt la ligne perpendiculaire qui paſſe par tous les centres des cercles qui la compoſent de haut en bas.

B

Base, eſt la partie aſſiſe ſur un ſocle qui ſert de ſoutien & d'appui à la colonne. (*Voyez Pl.* 3. *Fig.* 2.)

C

Cartouche, eſt un ornement en manière d'écuſſon, environné de moulures & d'enroulemens; il ſert à placer le titre d'un plan ou les échelles, &c.

Cavet, eſt une moulure creuſe en quart de cercle; elle eſt l'inverſe de l'ove ou quart de rond. (*Voyez Pl.* 1. *Fig.* 21.)

Congé, eſt une petite moulure creuſe qui ſert à détacher agréablement un membre d'Architecture d'avec un autre. (*Voyez Pl.* 1. *Fig.* 19.)

Console, eſt un ornement contourné qui ſert à ſoutenir ou appuyer quelques parties principales, par exemple, un larmier. (*Voyez Pl.* 2. *Fig.* 2.)

Corniche, eſt la partie la plus haute de l'entablement, au-deſſus de la friſe: cette partie ſe fait remarquer par ſa grande ſaillie, & la multiplicité de ſes moulures,

D

Denticule, eſt un membre de corniche quarré, qu'on recoupe en plusieurs entailles qui imitent une rangée de dents; voilà d'où lui vient la dénomination de Denticules: il conſerve même cette dénomination, lorſqu'il n'eſt pas taillé en dents, comme à l'Ordre Corinthien.

Doucine, eſt une moulure ondoyante, moitié convexe & moitié concave; lorſque la partie concave eſt la plus haute & la plus avancée, on l'appelle gueule droite ou Doucine, (*Voyez Pl.* 1. *Fig.* 18.) lorſque la partie convexe eſt la plus haute & la plus avancée, on l'appelle gueule renverſée ou talon. (*Voyez Pl.* 1. *Fig.* 17.)

E

Entablement, eſt la partie ſupérieure d'un Ordre d'Architecture, composé de l'architrave, de la friſe, & de la corniche, porté ſur les chapiteaux en manière de plancher. (*Voyez Pl.* 3. *Fig.* 1.)

Entrecolonnement, eſt l'eſpace vuide entre les colonnes qui ne ſont point accouplées.

F

Filet, autrement Liſtel, eſt un très-petit membre quarré qui ſert à faire la ſéparation des moulures plus grande, & à les détacher l'une de l'autre.

Frise, eſt la partie de l'entablement qui eſt entre l'architrave & la corniche; quelquefois elle eſt unie, ſouvent elle eſt chargée d'un grand deſſein de Sculpture; à l'Ordre Dorique, elle eſt toujours mêlangée de triglyphes & métopes. (*Voyez Pl.* 2. *Fig.* 2.)

Fust de la colonne, eſt toute la longueur de la colonne, compriſe entre la baſe & le chapiteau; on le nomme auſſi tige ou vif de la colonne. (*Voyez Pl.* 2. *Fig.* 1. & 2.)

G

Gorge ou Gorgerin, eſt la partie la plus menue des chapiteaux, entre l'aſtragale de la colonne & le premier membre ſaillant du chapiteau. (*Voyez Pl.* 3. *Fig.* 1.)

I

IMPOSTE, eſt une eſpece de corniche ou de chapiteau au haut d'un pied droit, ſur quoi les arcades portent immédiatement. (*Voyez Pl.* 3. *Fig.* 4.)

L

LARMIER, eſt dans toutes corniches un grand membre quarré qui a beaucoup de ſaillie, & qui eſt deſtiné à faire écouler les eaux de pluie loin du mur. (*Voyez Pl.* 3. *Fig.* 1. & 2.)

M

METOPE, eſt un eſpace quarré entre les triglyphes de la friſe Dorique. (*Voyez Pl.* 3. *Fig.* 2.)

MODILLONS, ſont de petites conſoles placées ſous le plafond du larmier Corinthien, & qui ſemblent le ſoutenir.

MODULE, eſt une certaine meſure qu'on choiſit librement, & qui ſert à déterminer toutes les dimenſions générales & particulières d'un Ordre d'Architecture : on prend aſſez ordinairement pour cette meſure le demi-diamètre du bas de la colonne, qu'on diviſe en autant de parties égales qu'on veut, & qu'on appelle minutes.

MOULURES, ſont toutes les parties ſaillantes qui ornent les différens membres d'un Ordre d'Architecture ; il y en a de quarrées & de rondes.

MUTULES, ſont des membres quarrés ſur le plafond du larmier Dorique, qui ont la largeur des triglyphes, & qui les couronnent. (*Voyez Pl.* 3. *Fig.* 2.)

O

OVE, eſt la même choſe que le quart de rond.

P

PIEDS-DROITS, ſont des manières de pilliers quarrés, terminés par une impoſte ſur laquelle les arcades portent. (*V. Pl.* 3. *Fig.* 4.)

PLAN, le Plan d'un édifice eſt ſa coupe horiſontale, où l'on voit toutes les parties qui le compoſent, avec les pleins, les vuides, & toutes les épaiſſeurs. (*Voyez Pl.* 6. *Fig.* 1.)

S

SCOTIE, eſt une moulure creuſe en forme de demi-canal qui ſe trouve entre les deux tores de la baſe Attique; la Scotie n'a jamais lieu que dans les baſes, & toutes moulures creuſes dans les baſes eſt une Scotie.

SOCLE, eſt un maſſif quarré ſur lequel on éleve ou l'édifice entier, ou une partie de l'édifice, particulièrement les colonnes.

SOFITE, eſt la ſuperficie du deſſous d'un membre d'Architecture; ainſi on dit la Sofite d'un larmier, &c.

T

TAILLOIR ou ABAQUE, eſt un membre plat & quarré qui ſert comme de couvercle au chapiteau, & qui en eſt la dernière partie; ce Tailloir eſt exactement quarré dans le chapiteau Dorique; il l'étoit autrefois à l'Ionique; mais on l'a fait depuis ſemblable à celui du chapiteau Corinthien, c'eſt-à-dire qu'on l'a recoupé dans ſes angles, & échancré à ſes 4 faces.

TALON, ou gueule renverſée, c'eſt une moulure moitié convexe & moitié concave, & dont la partie convexe eſt la plus ſaillante & la plus haute, le talon eſt le contraire de la douc ne. (*Voyez Pl.* 1. *Fig.* 17.)

TIGE de la colonne, eſt la même choſe que le fuſt.

TIGETTES OU CAULICOLES, ſont les petites tiges d'Acanthe pliées en volutes au chapiteau Corinthien.

TORE, eſt la groſſe moulure ronde des baſes, elle eſt en forme de bourlet, & ne ſe trouve que dans les baſes. (*Voyez Pl.* 3. *Fig.* 3.)

TRIGLYPHE, eſt un membre quarré long, qui fait ſaillie ſur la friſe Dorique, & qui a deux enfoncemens triangulaires dans le milieu, qu'on nomme gravures, avec deux demi-gravures aux deux angles; on nomme l'entre-deux des gravures les cuiſſes du Triglyphe: on nomme auſſi ſes gravures canaux.

V

VASE de chapiteau, eſt dans le chapiteau Corinthien un membre qui lui ſert de fond, & qui a l'air d'un vaſe oblong dont on apperçoit la levre ſous le tailloir; c'eſt ſur ce vaſe que ſont rangées les feuilles d'Acanthe.

VOLUTE, eſt la partie qui ſe plie en enroulemens, ſelon une ligne ſpirale au chapiteau Ionique: les Volutes du chapiteau Corinthien ſont plus petites & naiſſent différemment.

FIN.

TABLE DES CHAPITRES

CONTENUS DANS CET OUVRAGE.

CHAPITRE PREMIER.

Des procédés de la Géométrie pratique.

CHAPITRE SECOND.

CHAPITRE TROISIÈME.

CHAPITRE QUATRIÈME.

PROP.

GEOMETRIE PRATIQUE, ET MOULURES. Pl. I.

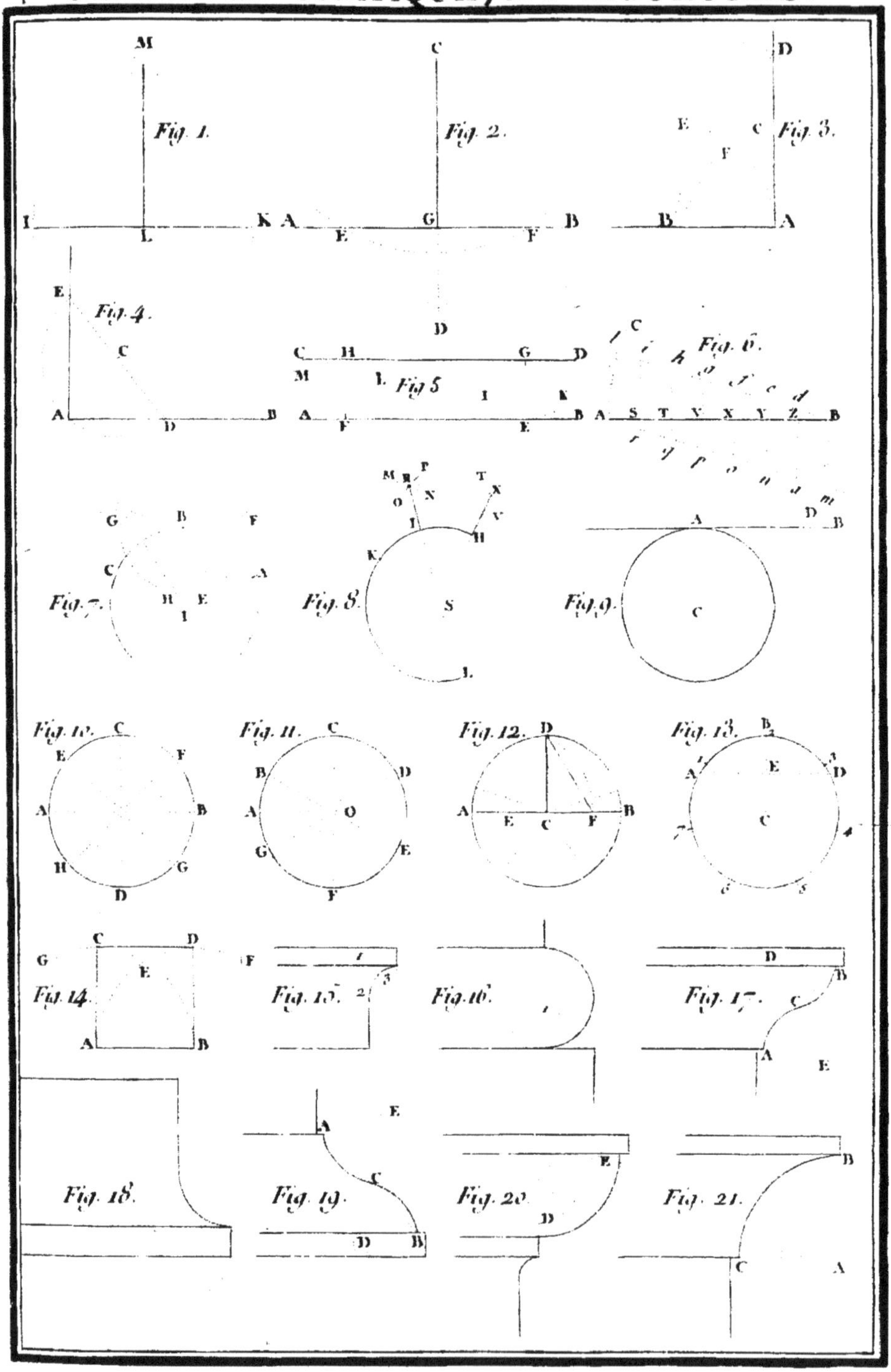

ORDRES, ET PORTIQUES, TOSCAN ET DORIQUES. Pl. 2.

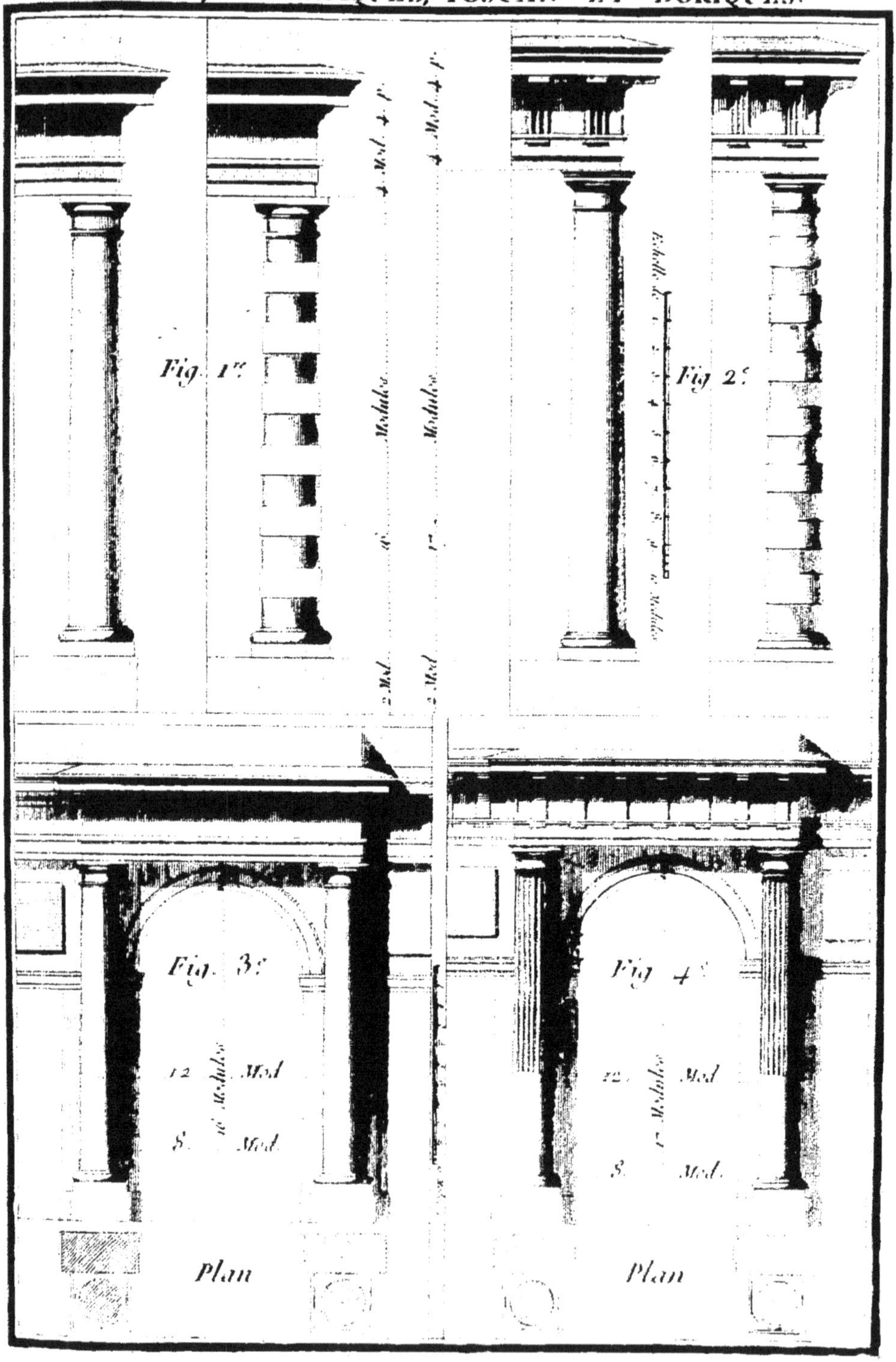

ORDRES TOSCAN, ET DORIQUES.

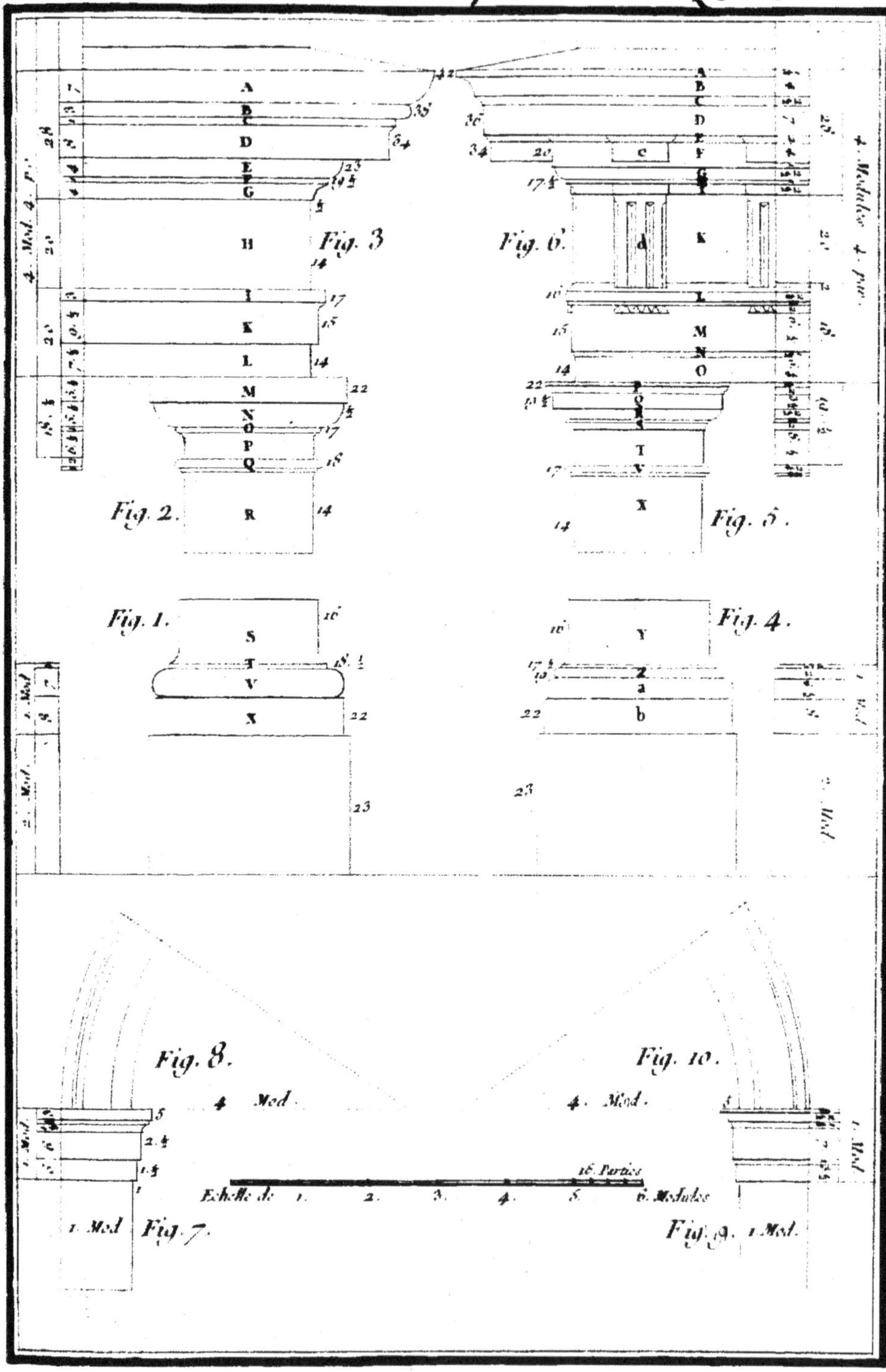

ACCOUPLEMENT DE L'ORDRE DORI UE. *Pl. 4*

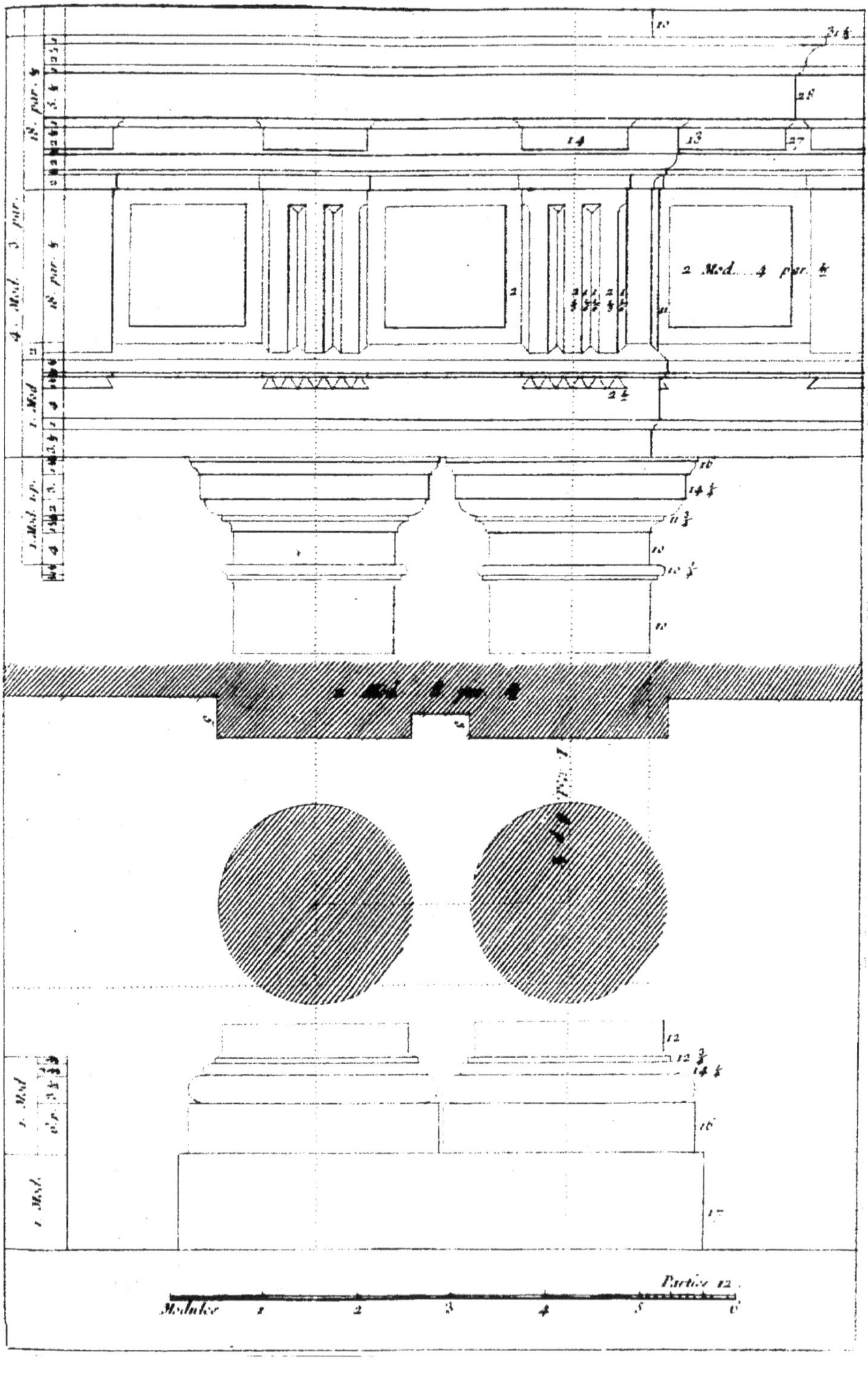

DETAILS DES CROISÉES.

ARCHITECTURE MILITAIRE.

Fig. 2.

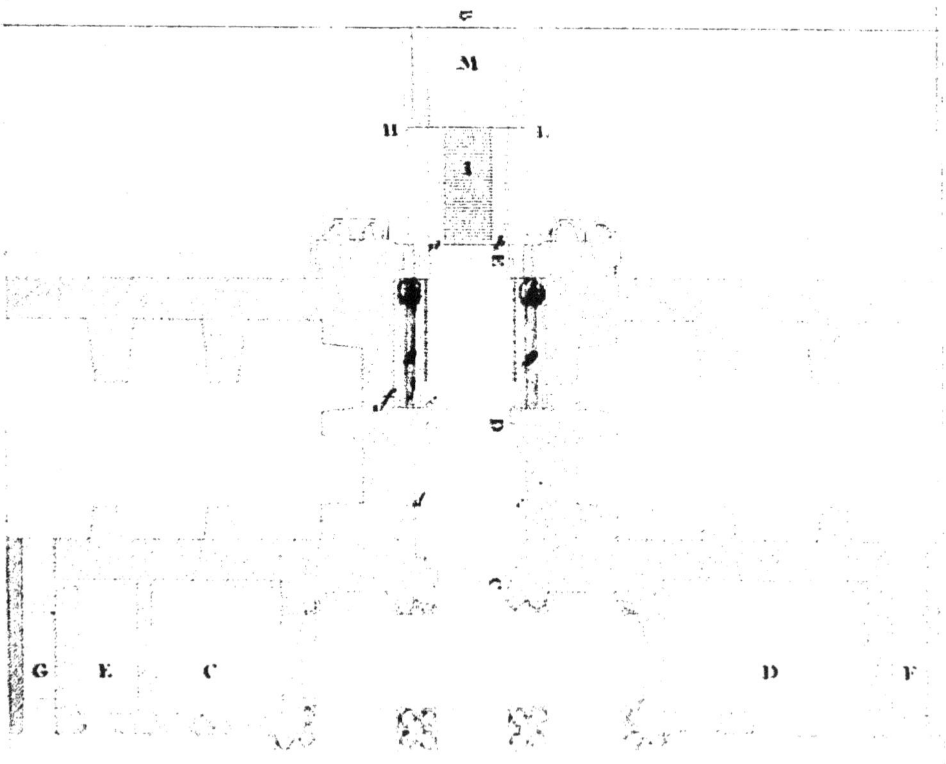

Fig. 1.

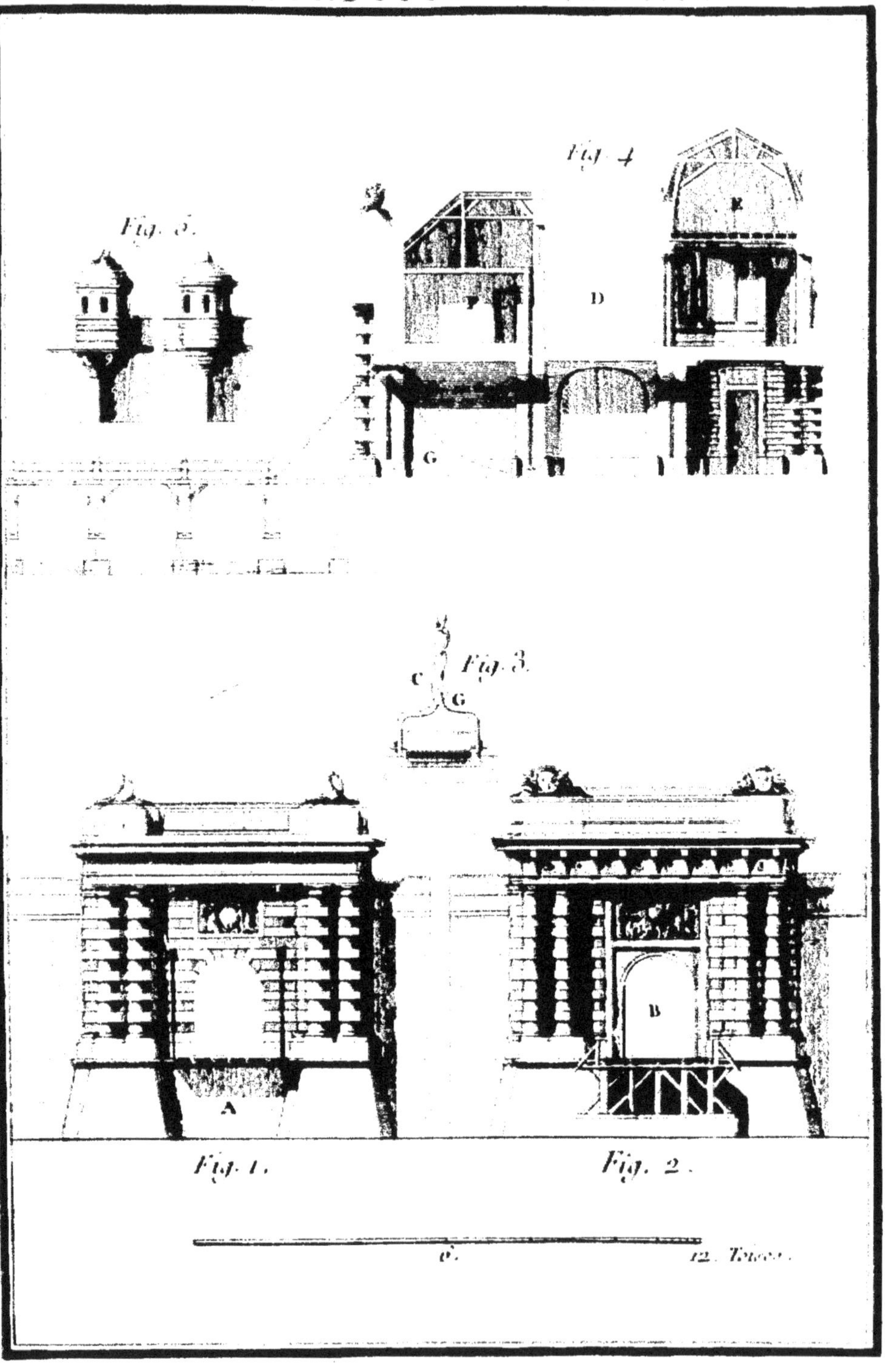
Fig. 4
Fig. 5.
D
G
Fig. 3
C
G
A
B
Fig. 1.
Fig. 2.
6.
12. Toises.

ARCHITECTURE MILITAIRE.

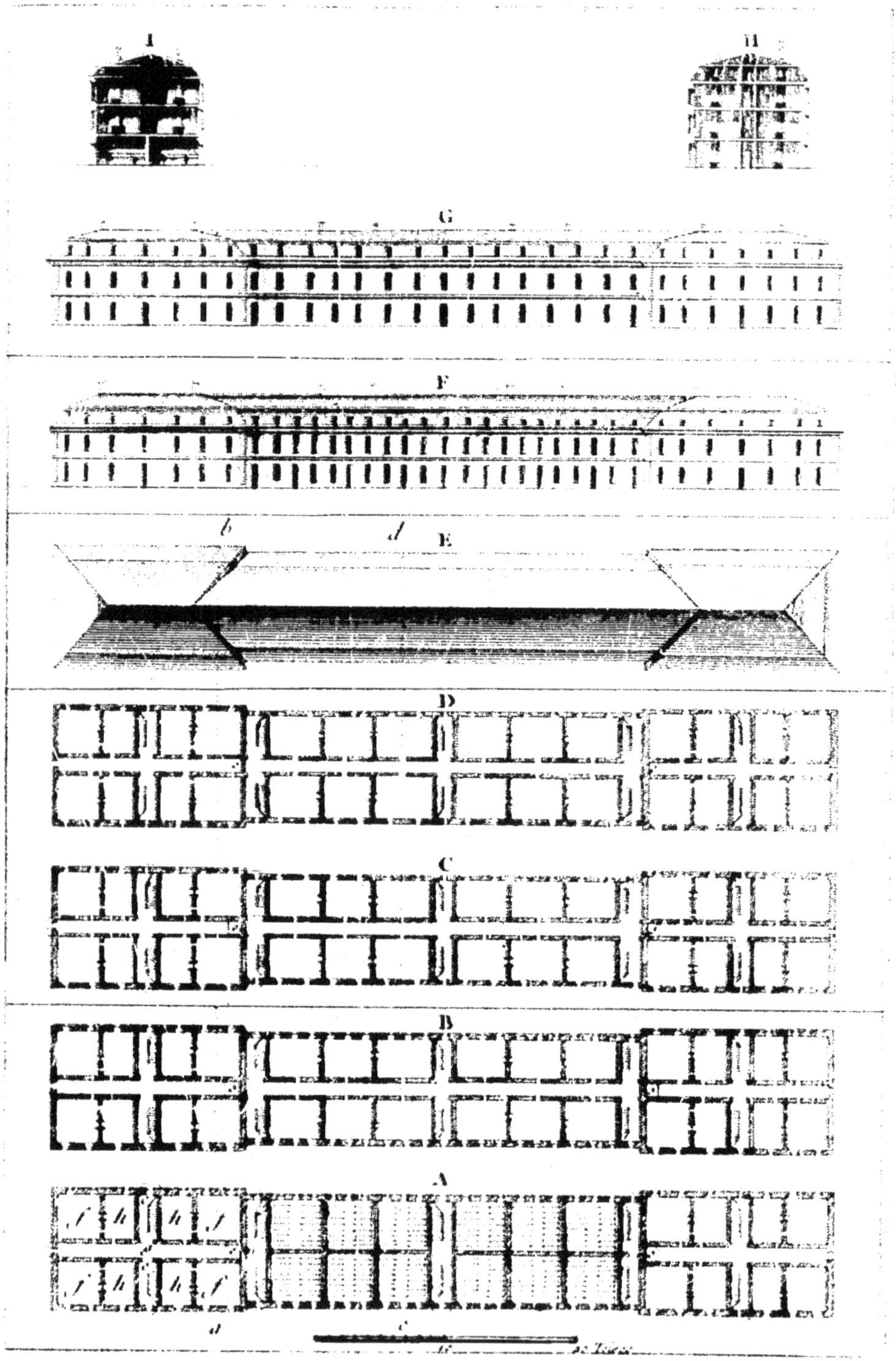

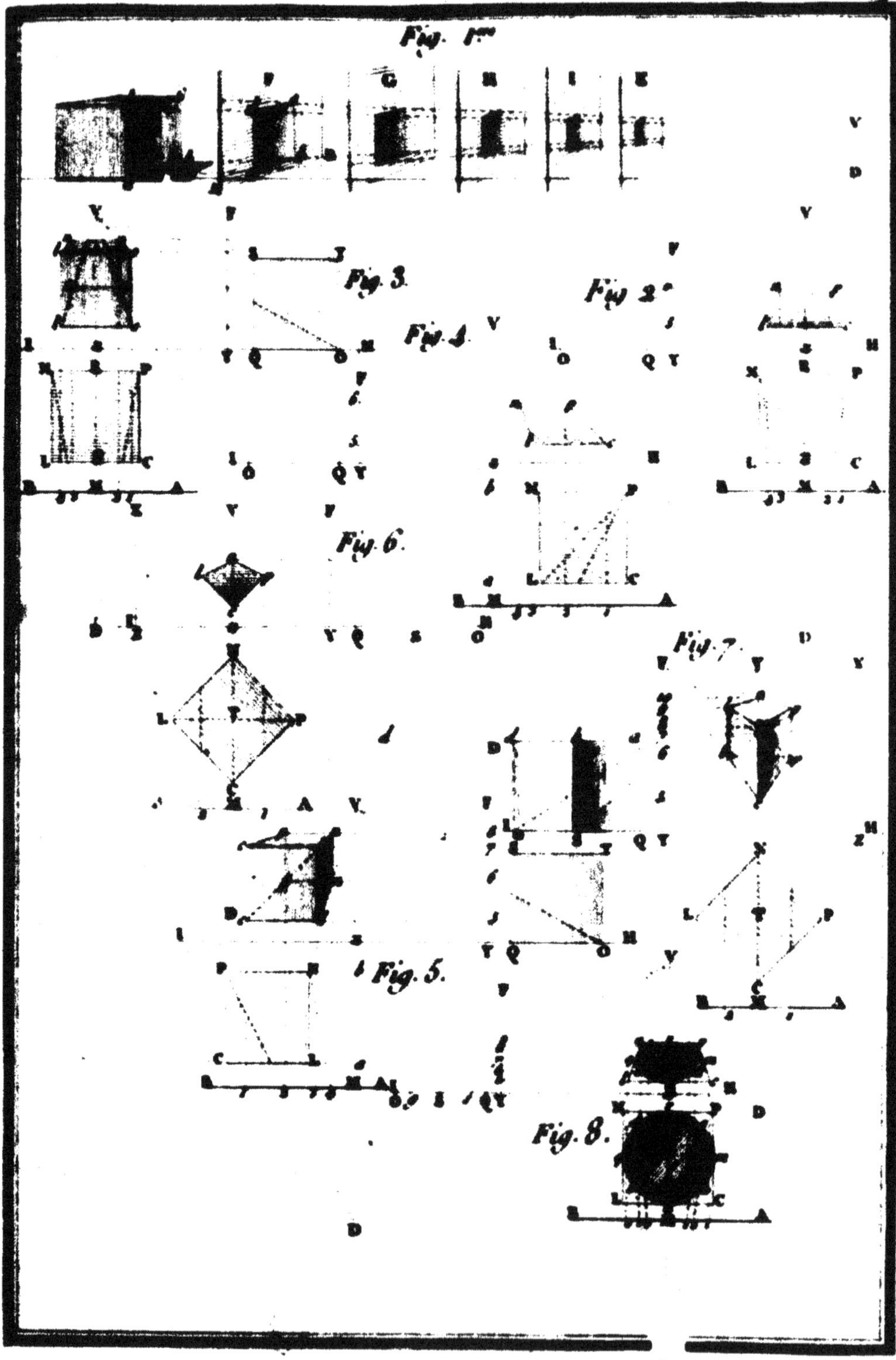
Fig. 1re
Fig. 2e
Fig. 3
Fig. 4
Fig. 5
Fig. 6
Fig. 7
Fig. 8

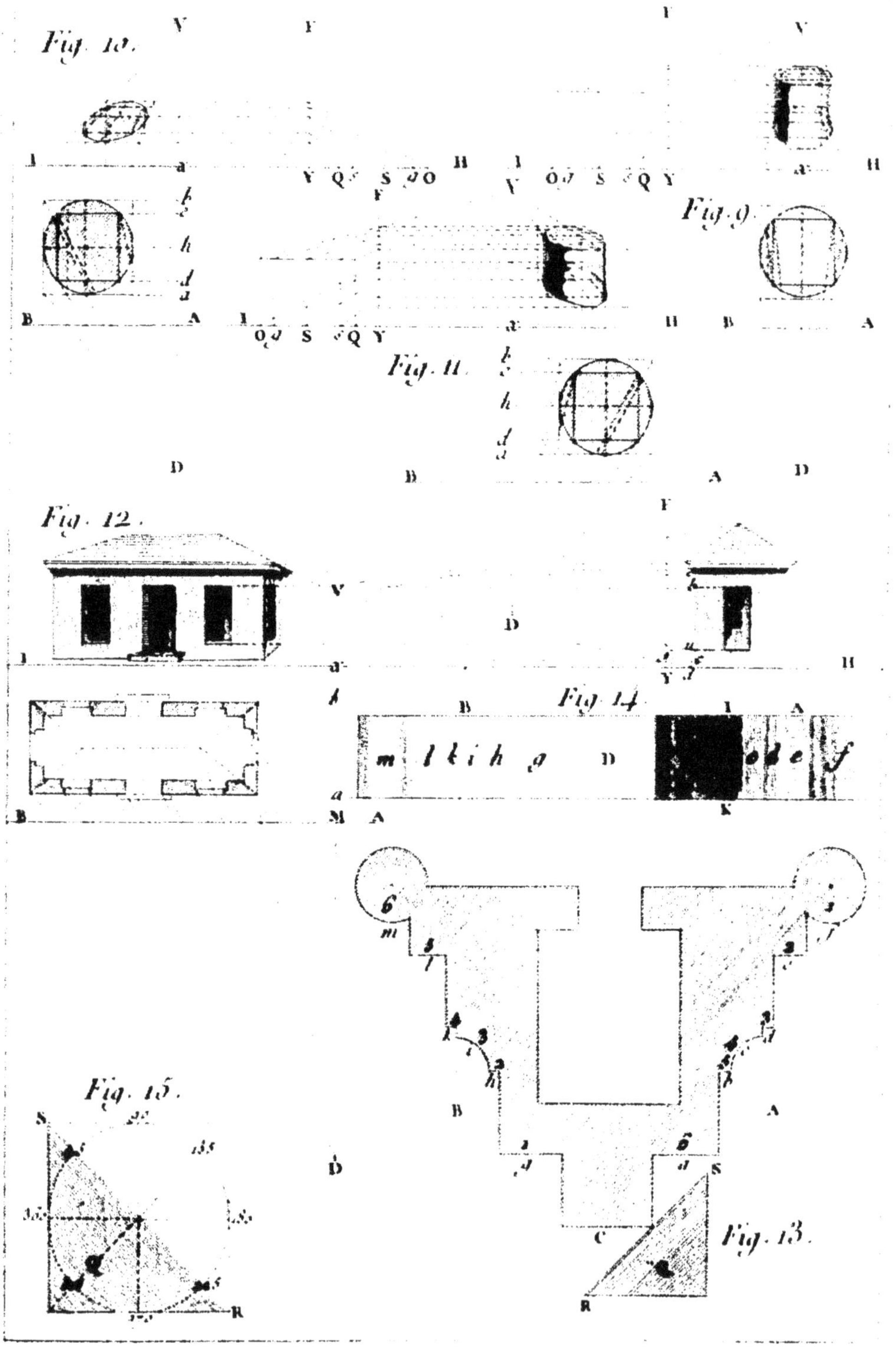
Fig. 9.
Fig. 10.
Fig. 11.
Fig. 12.
Fig. 13.
Fig. 14.
Fig. 15.

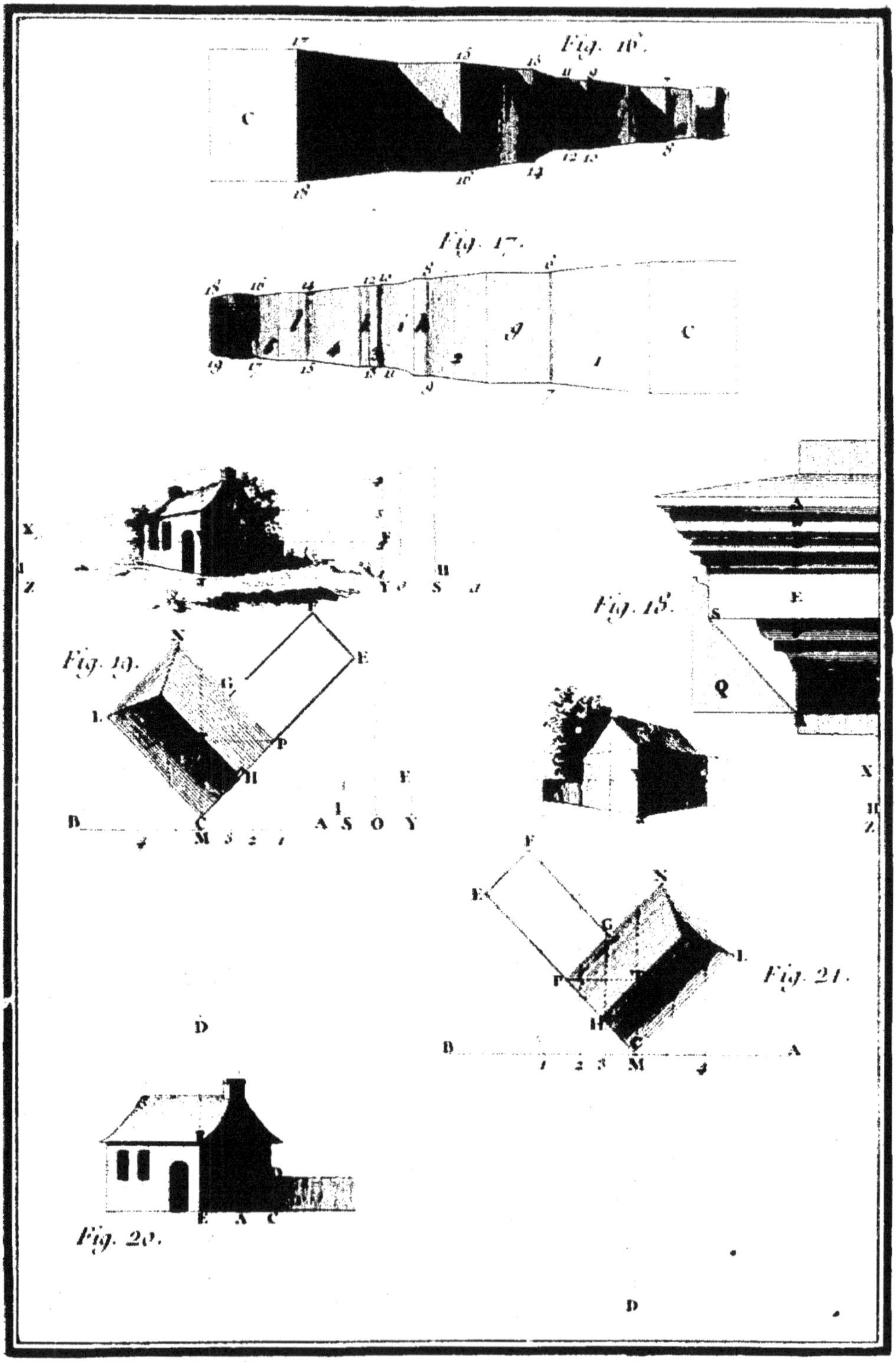
Fig. 16.
Fig. 17.
Fig. 18.
Fig. 19.
Fig. 20.
Fig. 21.

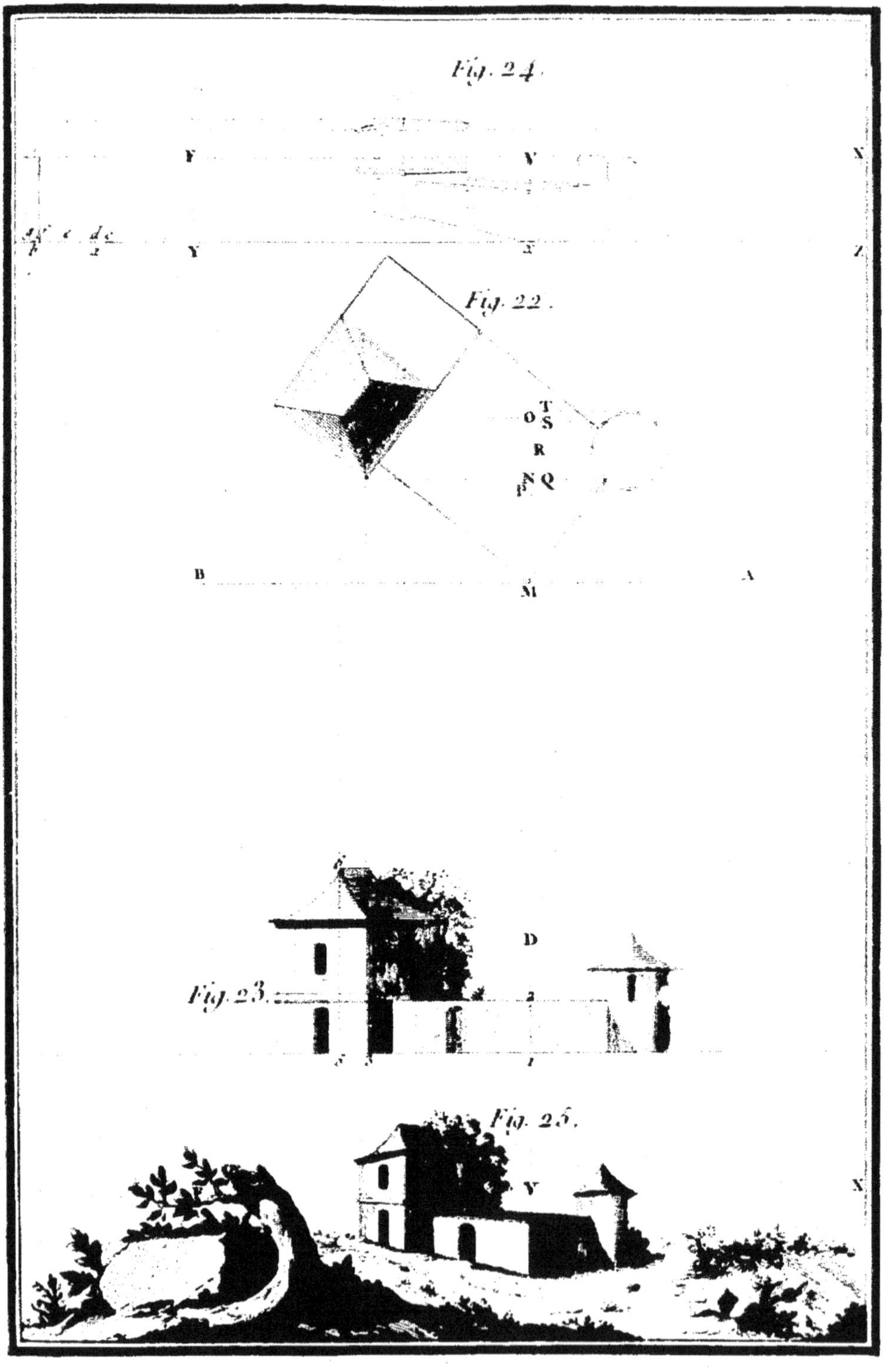
Fig. 24.
Y
V
X
Y
Z
Fig. 22.
O
T
S
R
N
Q
B
M
A
D
Fig. 23.
Fig. 25.
V
X

PERSPECTIVE

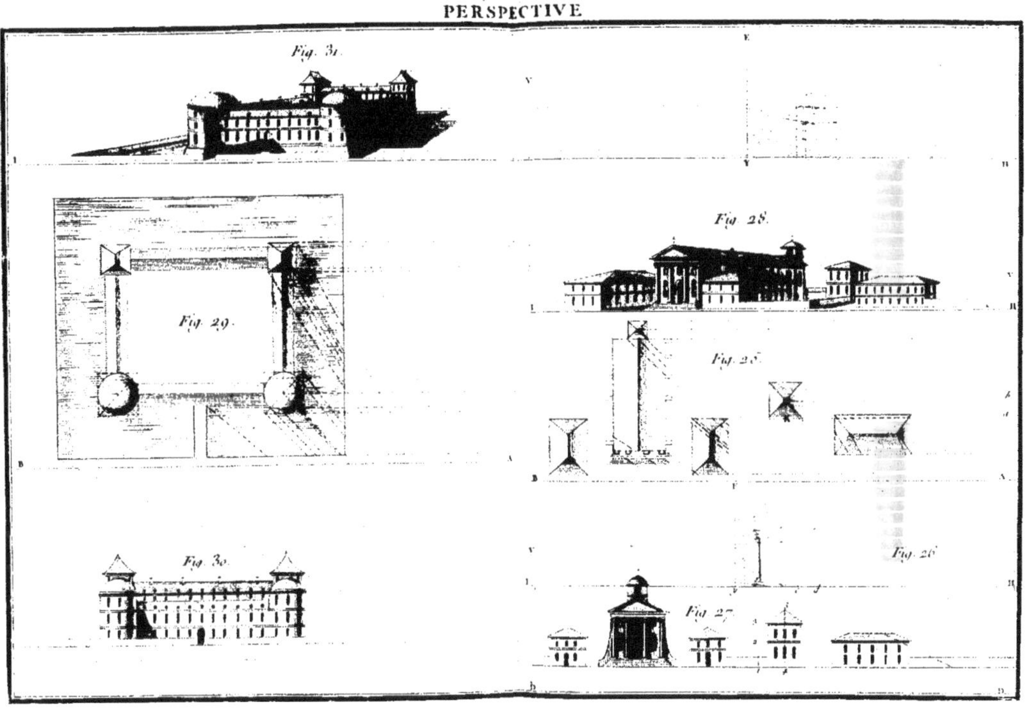

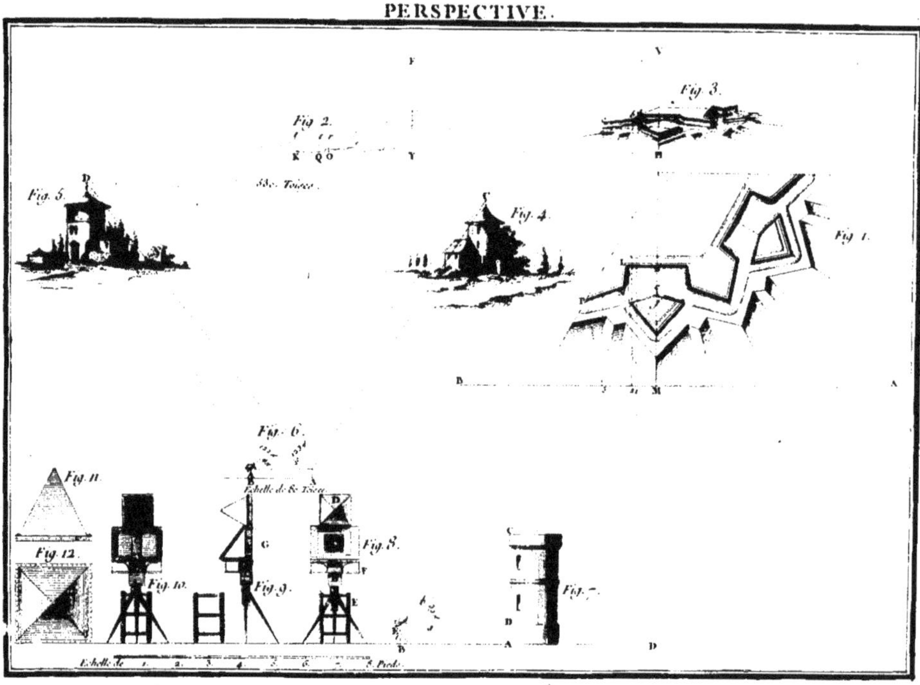

Fin de la Table.

APPROBATION.

J'AI examiné par ordre de Monseigneur le Chancelier *le Cours de Géométrie pratique, d'Architecture Militaire, de Perspective & de Paysage*, & je n'y ai rien trouvé qui en puisse empêcher l'impression; à Bourg en Bresse, le 30 Octobre 1772.

Signé, DE LA LANDE, Censeur Royal.

PRIVILEGE DU ROI.

LOUIS, PAR LA GRACE DE DIEU, ROI DE FRANCE ET DE NAVARRE; A nos amés & féaux Conseillers les Gens tenant nos Cours de Parlement, Maitres des Requêtes Ordinaires de notre Hôtel, Grand-Conseil, Prévôt de Paris, Baillifs, Sénéchaux, leurs Lieutenans Civils, & autres nos Justiciers qu'il appartiendra : SALUT. Notre amé le Sieur DUPUIS Nous a fait exposer qu'il desireroit faire imprimer & donner au Public, un *Cours de Géométrie pratique, d'Architecture, de Perspective & de*

Paysage, par M. Dupuis, s'il Nous plaisoit lui accorder nos Lettres de Privilege pour ce nécessaires. A ces Causes, voulant favorablement traiter l'Exposant, Nous lui avons permis & permettons par ces Présentes, de faire imprimer ledit Ouvrage autant de fois que bon lui semblera, & de le vendre, faire vendre & débiter par tout notre Royaume, pendant le tems de six années consécutives, à compter du jour de la date des Présentes. Faisons défenses à tous Imprimeurs, Libraires & autres personnes, de quelque qualité & condition qu'elles soient, d'en introduire d'impression étrangère dans aucun lieu de notre obéissance. Comme aussi d'imprimer, ou faire imprimer, vendre, faire vendre, débiter ni contrefaire ledit Ouvrage, ni d'en faire aucuns Extraits, sous quelque prétexte que ce puisse être, sans la permission expresse & par écrit dudit Exposant, ou de ceux qui auront droit de lui, à peine de confiscation des Exemplaires contrefaits, de trois mille livres d'amende contre chacun des contrevenans, dont un tiers à Nous, un tiers à l'Hôtel-Dieu de Paris, & l'autre tiers audit Exposant, ou à celui qui aura droit de lui, & de tous dépens, dommages & intérêts; à la charge que ces Présentes seront enregistrées tout au long sur le Registre de la Communauté des Imprimeurs & Libraires de Paris, dans trois mois de la date d'icelles; que l'impression dudit Ouvrage sera faite dans notre Royaume & non ailleurs, en beau papier & beaux caractères, conformément aux Réglemens de la Librairie, & notamment à celui du dix Avril mil sept cent vingt-cinq, à peine de déchéance du présent Privilege; qu'avant de l'exposer en vente, le manuscrit qui aura servi de copie à l'impression dudit Ouvrage, sera remis dans le même état où l'approbation y aura été donnée, ès mains de notre très-cher & féal Chevalier, Chancelier Garde des Sceaux de France, le Sieur de Maupeou; qu'il en sera ensuite remis deux Exemplaires dans notre Bibliotheque publique; un dans celle de notre Château du Louvre, & un dans celle dudit Sieur de Maupeou; le tout à peine de nullité des Présentes: du contenu desquelles vous mandons & enjoignons de faire jouir ledit Exposant & ses ayans cause, pleinement & paisiblement, sans souffrir qu'il leur soit fait aucun trouble ou empêchement. Voulons que la copie des Présentes, qui sera imprimée tout au long, au commencement ou à la fin dudit Ouvrage, soit tenue pour duement signifiée, & qu'aux copies collationnées par l'un de nos amés & féaux Conseillers Secretaires, foi soit ajoutée comme à l'original. Commandons au premier notre Huissier ou Sergent sur ce requis, de faire pour l'exécution d'icelles tous actes requis & nécessaires, sans demander autre permiſſion, & nonobſtant clameur de Haro, charte Normande, & lettres à ce contraires: CAR tel eſt notre plaiſir. DONNÉ à Paris le treizième jour du mois de Janvier l'an de grace mil ſept cent ſoixante treize, & de notre Règne le cinquante-huitième. Par le Roi en ſon Conſeil, *Signé* LE BEGUE.

Regiſtré ſur le Regiſtre XIX. de la Chambre Royale & Syndicale des Libraires & Imprimeurs de Paris, N°. 2352. fol. 16. *conformément au Réglement de* 1723, *qui fait déſenſes, Art.* 4. *à toutes perſonnes, de quelque qualité & condition qu'elles ſoient, autres que les Libraires & Imprimeurs de vendre, débiter, faire afficher aucuns livres pour les vendre en leurs noms, ſoit qu'ils s'en diſent les Auteurs ou autrement, & à la charge de fournir à la ſuſdite Chambre huit Exemplaires preſcrits par l'Article* 108. *du même Réglement. A Paris, le* 25 *Janvier* 1773. *Signé*, C. A. JOMBERT, pere, *Syndic.*

www.ingramcontent.com/pod-product-compliance
Ingram Content Group UK Ltd.
Pitfield, Milton Keynes, MK11 3LW, UK
UKHW031919260826
14628UKWH00003B/1283